自治体学理論の系譜

歩みし跡を顧みて

森　啓　著

公人の友社

本書を亡き松下圭一先生に捧げる

まえがき

自治体学理論は実践理論である。

理論には「説明理論」と「実践理論」がある。

「説明理論」は事象を事後的に実証的分析的に考察して説明する理論である。

「実践理論」は未来に課題を設定し解決方策を考え出す理論である。

丸山真男教授は『日本の思想』（153頁）に「…である」と「…をする」の思考論理の違いを鮮やかに叙述した。実践理論は「する」の思考論理である。


1980年代、自治体に台頭した政策研究は「自治体の政策自立」を目ざす実践理論である。

行政学の政策研究は「特定政策の実証的分析的な事後的研究」である。

自治体の政策研究は「未来に課題を構想し解決方策を考え出す創造的研究」である。

課題を構想するとは夢想することではない。

「課題を構想し」「解決方策を考え出す」のは、経験的直観の言語化である。

経験的直観の言語化は「困難を覚悟して一歩踏み出し壁を解決した実践体験」によって可能となる。

本書を執筆することができたのは、松下圭一先生から40年に亘って示唆を頂くことができたからである。自治体学理論は「規範概念による規範論理」である。規範概念による思考を会得することができたのは、松下先生の「政策型思考と政治」を熟読したからである。

１９７５年、松下圭一著『市民自治の憲法理論』が刊行されたとき、憲法学者も行政法学者も誰ひとり反論できなかつた。にもかかわらず、明治憲法感覚の「国家統治の観念」を脱却できなかった。松下理論の市民自治を認めると「学会で相手にされなくなる」からである。だがしかし民主主義は国家の統治ではない。市民の自治共和である。

筆者は松下理論を継承する。

本書を刊行することができたのは、大塚信一氏（元岩波書店社長）が本書原稿をお読み下さり「一人の市民がどれだけ既存の社会を変革できるかを示す稀有の本になると確信します」と推奨して下さったからである。深く感謝申し上げたい。

大塚信一氏は岩波編集者として松下先生の著作『都市政策を考える』『市民自治の憲法理論』

『日本の自治・分権』など数多く出版された。２０１４年には自ら『松下圭一　日本を変える』（３５７頁・㈱トランスビュー）を刊行なさった。

自治体学理論は生身の人間から生ずるので少しく自伝めくが了とされたい。

２０２２年5月1日

森　啓

目次

I

出生から学業終了まで（1935—1960）

1　高校まで

1935年9月11日　徳島県麻植郡牛島村に生まれる。

［幼年時代］

・元日早朝、家族全員が玄関を出て家を一周し、裏手のポンプで若水を汲み、口を漱いで顔を洗い、母が若水で作った雑煮を食べた。

・祖母は貸本の行商で、押入書棚に二千冊の講談本（フリガナ付き）があり、小学前に全てを読んだ。（筆者の教養は講談本である）

・兵隊サンが家の近くで休憩したときの「汗と皮革」の強臭を覚えている。

・小学三年の学芸会で「野口英世の半生」を二人で朗読した。前半が終わるのを壇上で並んで待っていたので、自分の番で声がかすれ上ずった。

・10歳のとき、20キロ離れた徳島市の空襲が夜空に花火のようにキレイであった。翌朝、頭の上まで黒煙が広がっている異様な光景を見た。

・四年のとき、代用教員の若い先生から「七つボタンはサクラとイカリ…」を何度も何度も合唱させられた。

［中学時代］

・赴任してきた体操の井内三喜先生が野球部をつくって下さった。放課後の練習と（ときにはの）他校との試合で、まことに楽しい中学時代であつた。

［高校時代］

・長兄は工業高校機械科、次兄は土木科で、三男の筆者は電気科が新設された県立東工業高校に入学した。だが電気の授業に興味なく野球部に入部した。中学時代と異なる硬式野球で嬉しかった。授業中運動場を眺めて放課後になるのをひたすら待った。

・最初の小松島高校との試合が5打数3安打でレギュラーになつた。中学のときと同じショート（遊撃手）である。この上無しの嬉しさであつた。

・だが、甲子園への春と夏の県内予選では、ただの一度も勝利しなかった。

・三年になり、立候補して生徒会長になった。県の社会教育主事の助言と指導で徳島県高等学校弁論部連盟を結成した。そして県立阿波高校で第一回弁論大会を開催して第二席に選奨された。

・明治大学で三木武夫さんの先輩であった徳島市長の長尾新九郎さんの知遇を得た。全国市長会の副会長であった長尾さんは東京にお出での度に大森の宿舎に招いて歓談して下さった。（後年の大学時代に選挙の応援弁士で徳島に三度帰った）

・卒業間際になって就職先が決まらないのは（電気科50人のうち）数人であった。だが意気軒高であった。「東京に出て大学に進学して弁護士になるのだ」と思っていた。「東京の落ち着き先」を探さなくてはならない。

・県選出の国会議員、県会議員、徳島市内の弁護士宅を、次々訪問して「東京に出て大学に進学するのですが、人生の先輩としてご助言を下さい」と言った。「東京に知り合いはいるのか」と訊いて下さる方もいた。

・二人の方が「東京の落ち着き先」を紹介して下さった。弁護士さんが紹介して下さった（吉田茂内閣の労働大臣小坂善太郎の秘書官の）堀井喜良氏宅を落ち着き先と定めた。

・親に東京までの旅費を貰って１９５４年春、東京に出発した。いささかの不安も無かった。

［書生時代］

・堀井喜良宅（東京都世田谷区下馬1丁目）の書生（居候）で東京での人生が始まった。居候にはさしたる用はなく、大学受験のために代々木予備校に通わせて頂いた。だが居候は居づらい。堀井氏の了解を得て、近隣の朝日新聞専売所の住込配達員になった。

［国士館大学の学生寮］

・暫くして、堀井氏の紹介で国士館大学の学生食堂の会計事務担当として学生寮に住みついた。国士館大学は渋谷発の玉川電車で三軒茶屋から下高井戸の中間、（吉田松陰）神社前下車である。

・寮舎監の東木さんの好意で「大学の講義を聴いてもよい」になった。代々木予備校に通うよりはるかに有益であった。

講義の後、早稲田大学の民訴の教授に「人間には自由は不可欠なものですか」と尋ねた。笑みを浮かべ「私にその問に答えられるか疑問ですが」と真顔になって懇切に話して下さった。そのときは、よく分からなかったが感銘のようなものを戴いた。

国文学の教授に「俗世を離れて山中に住むことが、意味のあることなのですか」と質問した。生意気で無礼な質問をしたものだと、今恥ずかしく懐かしく思う。

・夏休みの誰もいない学生寮で『近代ヒューマニズムとカント』金子武蔵（東大教授）を読んだ。何を書いてあるのか分からない。意地になり繰返し読んだ。分からない。誰もいない学生寮である。大声で繰返し繰返し読んだ。「論語の読書百篇意自ずから通ず」で、「思惟の形式は時空である」の意味が分かってきた。そしてついに文章の各行が了解納得できた。一夏の良き体験であった。

・昭和女子大学（玉電・三宿駅）前の古本屋で買った阿部次郎『三太郎の日記』を読み耽けった。書物はいつも古本屋であった。河合栄治郎『社会思想家評伝』『ファッシズム批判』、倉田百三『出家とその弟子』に感銘をうけた。

2　大学時代

中央大学法学部に入学

・生活費と学費をアルバイトで稼ぐには夜間部が良いと考えて、１９５６年4月、中央大学法学部二部に入学した。入学してみると不正規なアルバイトは夕刻からが多いので一部（昼間部）に転部した。
・馴染んだ世田谷はお茶の水の大学までの時間と経費が嵩むので、大学に近い神田神保町鈴蘭通りの東京新聞に住み込んだ。古書街を覗くのが楽しみであった。歳末に近隣の救世軍本部の救世鍋を眺めた印象が鮮明に残っている。
・夕刊配達後に大学図書館に通うには、より大学に近い新聞店が良いので、銭形平次で有名な神田明神下の朝日新聞専売店に移った。ニコライ堂、日大病院、中央大学の自治会室にも配達した。学友と出会うこともあった。

済美会研究室

・そのころの中央大学は司法試験合格者数がダントツ一位であった。大学は校舎五階に数多くの研究室を設けて受験学生を優遇していた。済美会研究室の入室試験（小論文と面接）を受験して研究室員になった。勉強机を専有できたがバイトでさほど使えなかった。世間は栃錦・若乃花の大相撲人気で盛り上がっていた。

［論理実証主義］

・お茶の水駅ニコライ堂出口の古書店（60年後の今もある）で、『法哲学概論・碧海純一』（神戸大学）を購入して熟読した。論理実証主義の法哲学である。橋本公亘教授の憲法講義で挙手し立上がり滔々と弁じた。橋本教授はにこやかに「学部四年ともなると法哲学を論じますネ」と言って下さった。懐かしき思い出である。

新宿花園神社裏ゴールデン街の女性救出

・大学二年のころ、新聞店の先輩に誘われて新宿ゴールデン街に行った。ベニヤ板で区切られた隣室の女性と話しをした。山陰の高校を出て伯父を頼って上京して、就職先を探してくれるまで近所の中華店で働いた。若い男と知り合い、ヤクザと分かって「別れたい」と言ったら、凄まれてアッという間に特飲街に売られたの由。「助けよう」と思った。

・早朝四時のゴールデン街は街全体が眠っていた。窓下で二階からの荷物を受け取り女性とタクシーに乗った。運転手に新宿駅南口（甲州街道口）へと言い、車が動き出したときは「ホッとした」のを覚えている。世にいう（足抜き）である。そのときは「自分は何をしているのか」が分かっていなかった。ただ「助けよう」の思いであった。

・国士館学生寮で知り合った食堂の残飯をブタの餌に集めにくる農家のオジサンに頼んで女性を預かってもらった。女性はその農家のオジサンの紹介で下高井戸のさる邸宅の「住込みお手伝い」として落ち着き、何か月かして山陰の実家に帰ったの由。（これまで誰にも話さなかったハナシである。60年が経過しているので何処にも迷惑は掛からないであろう）

［下宿生活］

・学生はたいてい試験の直前に一夜漬けの詰め込み勉強をする。新聞配達は試験の前夜も当日も休めない。三年の学年末試験で「住込配達員」をヤメた。

新宿駅南口の甲州街道沿いに篤志家が始めた低額の学生下宿が在った。ベニヤ板で区切った三畳部屋が並んでいた。そこに下宿して新宿でサンドイッチマンになった。1時間１００円。試験のときは休めた。

［コマ劇場前・トリスバー・ヤマ］

・試験期間が終わって、コマ劇場前の「トリスバー・ヤマ」の専属呼び込みになった。夕刻7時から12時までの5時間―５００円、寒い冬は足が凍った。ときおり、コマ劇場周辺に大行列ができた。恒例の「美空ひばり公演」である。無縁の世界の行列であった。

・帰途の楽しみは、新宿西口飲食街での鯨カツ定食であった（丼メシ・みそ汁・キャベツ大盛の鯨カツ）。５００円の収入で１５０円の夜食であるがとても美味で満足であった。（その

西口飲食街は２０２１年の現在もある）

羽田空港座り込み

・学生証などポケット内のものを済美会研究室に置いて、岸信介渡米阻止の羽田デモに出かけた。空港内でバリケートづくりを手助けしてスクラムを組み座り込んだ。機動隊がやってきて排除を始めた。蹴りとばしゴボウ抜きする手荒い排除であった。次々と排除され自分の番になった。抵抗せず立上がり離れた場所に立って見守った。空港職員が自分の方を指さし「あれがバリケードを指図していた」と言っていた。「労働新聞」の腕章をつけた人の横に並んだ。その記者は機動隊の排除が終わりかけたころ「出ようか」と小声で言って歩きだした。後ろに従い空港の外に出た。お茶の水駅で車から降ろしてくれた。国電で新宿の下宿に帰って眠った。翌朝の毎日新聞の羽田デモの写真に自分の姿が写っていた。キリ抜いて日記帳に貼り付けた。

泥棒君を捕らえる

・ある夜、掛け布団が擦られた感触で目覚めた。頭上に男が立っていた。「泥棒だ」と直感した。サッと起き上がった。出ていこうとする男の後ろ首を掴んで引き戻し、大声で「座れ」と命じた。反撃させぬため咄嗟に言った、と後になって思う。
男は「済みません」と言いポケットから時計を出した。枕元に置いてあった腕時計である。布団を擦ったのは、反対側の壁に掛けてあったオーバーを取ろうとして裾が布団に触れたのである。

「さてどうするか」と考えた。交番に突き出すと状況調書などで時間をとられる。警察は好かない。

ベニヤ板の仕切りであるから隣室の学生には「何が起きているのか」は分かっている筈だが出てこない。関わりたくないのである。

「今後盗みはいたしません」と書け、と言ったが、「許して下さい」としきりに詫びる。

少し説教をして「かえっていいよ」と放免して眠った。翌朝、下宿の女将から「森さん昨夜、泥棒を捕まえたんだって、どうして勝手に逃がしたのよ」と叱られた。

・大人数の学生を卒業させる中央大学には「卒業論文」は無い。であるから、卒業学年末試験は重要である。アルバイトを一切ヤメた。たちまち財力ピンチになった。下宿代が払えなくなり友人に荷物を預かってもらって下宿を出た。寝るところが無い。東大久保のドヤ街に泊まったが、独特の臭いで眠れない。「さてどうするか」の事態になった。

［寝るところが無くなる］

・「窮すれば脳が働く」で、最初の住込み新聞配達の世田谷下馬町を思い出した。八幡太郎源義家が奥州征伐のとき駒を繋いで戦勝祈願したの言い伝えがある駒繋神社が、朝日新聞専売所の隣に在ったのを思い出した。たしか木造の神輿置場が在り鍵は架かっていなかった。早速、渋谷から玉電で三軒茶屋へ、徒歩で下馬町の駒繋神社に行き視察した。鍵は架かっていなかった。暗くなって人に見咎められないよう忍びこんだ。茣蓙が敷いてあり上等の寝場所であった。朝は早朝に起きそっと出て三軒茶屋で朝食した。

・かくして寝場所を確保し、全ての時間を学年末試験の準備に使うことができた。試験の結果はまずまずであった。

（それから59年が経過した２０２０年６月、お世話になった駒繋神社に娘と参詣した。「神輿置場」はコンクリートの堅固な建物に変わっていた）

［卒業記念文集］

・三年のゼミで終生の友人に巡り合った（今もときおり逢って談笑する）。その友の発案で卒業記念文集を刊行することになった。冊子の題名は「抵抗」である。そこに『四年間の収穫』と題して小論を書いた。今読めば気恥ずかしい文章だが、当時の自分と社会を懐かしく思い起こす。

編集者が「誰か詩を書かないか」と言ったので、『悲鳴力』と題して「新宿の酷寒の夜の舗道での感懐」を詩文形式に綴って投稿した。

授業料延納願

大学の会計窓口に授業料延納願を四回提出して１９６０年３月、中央大学法学部法律学科を卒業した。

Ⅱ　神奈川県庁時代（1960―1993）

1　神奈川県庁職員

・神奈川県上級職員募集の新聞記事を見て受験した。ひとまず、安定収入を得て司法試験を目指そうと考えた。四年間のアルバイト生活に疲れていたからであろう。ゼミの友は（背水の陣で）小学校の夜間警備員になり二年後に弁護士になった。

・最初の職場は労働部の横浜労政事務所であった。職場の先輩に頼まれ県職労組の大会に出席した。「全県の組織なのだから車を購入すべきではないのか」と質問した。執行部は顔を見合わせ（そんなこと言っても組合費１４０円の組合なんだ）であった。数日して、労組委員長に「執行委員にならないか」と誘われた。そのときふと「やってみようか」と思った。その瞬間が司法試験への道筋から逸れる場面であった。背水の陣でなかったからである。

職員労組書記長

・三年目に書記長になった。自治労大会は『ベトナム反戦10・21全国統一行動』として「半日スト」を決議した。書記長として全力で取り組んだ。

県庁の組合が「ストライキをやる」というので、民間労組の方々は（内心ではホントにやるのかと驚きながら）、本庁舎と分庁舎入り口の入庁阻止ピケに協力してくれることになった。

スト当日、運動靴姿で本庁舎と分庁舎入り口のピケ態勢を視て廻った。

午前8時57分、分庁舎入り口で機動隊指揮者がピーッと笛を吹いた。

「かかれ」である。筆者はそこにあった工事中のマンホール管に飛び上がって「スト中止」と叫んだ。ピケが解かれ県職員が入庁しはじめた。

本庁舎前に駆け戻り「ストを中止します」と叫んだ。

一連の対応は芝居めくがホントのことである。

・県の内規では、入庁阻止が30分を超えるとスト参加者は懲戒処分になる。翌日の新聞は「8時57分のスト中止は労組も考えたものだ」と書いた。だが、8時57分で中止すると考えていたワケではない。機動隊のピーの「かかれ」で「ピケと機動隊の衝突混乱」を避けたのである。ピーの笛が9時を過ぎていれば、ストは9時過まで続いたのである。

県庁スト——公民権停止3年

・自治労は二名の参議院議員候補者を組織内候補として大会決定した。神奈川県職労は北海道自治労の山崎昇氏を当選させるべく活動した。いつものように早朝、出勤してくる職員に組合ビラを手渡した。

・人事課長から「来てくれないか」の電話がきた。県警本部の選挙違反取締担当が「違反ビラを手渡されては県職書記局を強制捜査（ガサ入れ）せざるを得ない」（県庁舎に警察本部も入っていたから「組合ビラ」を手渡すことになる）「責任者が名乗り出ればガサ入れはしない」と言っている。「どうするかね」と人事課長が言う。即座に「私が出頭します」と返答した。「県職労組書記局に警察の強制捜査」の新聞記事が出れば、組合員が動揺し組合脱退の口実にも為りかねない。

・所轄の加賀町警察署に出頭した。「私の一存でビラを作り印刷して配布した。他の執行委員は何の関与もしていない」と述べた。「そんなことはないであろう」などの追及はなく「取調調書」がつくられた。だが公民権停止三年の処分になった。そして山崎昇氏は参議院議員に当選した。

［職場に復帰］

・専従役員を止めて五年ぶりに職場に復帰した。専従役員とは「身分は公務員のままで（職務専念義務免除の扱いで）組合活動に専従する」である。後年、保守政党がこの労使慣行を「ヤミ専従である」と攻撃した。

・職場に復帰して、司法試験の勉強を再開した。中央大学の答案練習会にも参加して精力的に勉強した。ところが、試験当日の朝、39度の熱が出た。フラついて立ち上がれない。まことに「何たることか」であった。かくて弁護士への望みを断念した。だが、その後の生活で、松下先生と出会い弁護士生活では得られなかったであろう「国家観念への疑念」を獲得した。

・国家は「擬制の観念」である。擬制とは実体があるらしく見せかける虚構である。民主政治は「国家が国民を統治する」ではない。「市民が政府を選出して代表権限を信託する」である。「信託」は白紙委任ではないのである。

・国民が戦争に反対しても、国民の多くが（コロナ感染急増での五輪開催に）反対しても、政権が強行するのは、それを人々が無力感で諦めるからである。諦めるのは「国家の観念」を論理的に克服していないからである。問題は「国家」ではない「政府」である。

・「国家」なるコトバは、不正悪辣な政府の悪行を隠蔽し、国民を騙す隠れ蓑のコトバである。民主政治で重要なのは「政府責任の理論」「政府制御の理論」である。政治理論は「政府責任追及の理論」でなくてはならない。（自治体学理論の論理思考）

神奈川労働大学講師総取替

・人事異動で本庁労政課労働教育係長に赴任した。そこに18年続いている神奈川労働大学があった。受講者のアンケートには講師への不満・批判が年々増大していた。

・講師の総取替を考えた。だが管理職は「自分にとって困る問題が起きないかを常に第一に考える」。労政課長は「総取替で問題が起きないか」「長年の講師から反発は出ないか」を考えるであろう。「総取替はストップ」が出るかもしれない。

・そこで、課長不在のときに、労働部長に「労働大学は古くなって受講者の不満が増大していますか」「刷新したいのです」と言った。部長は「受講者から不満が出ているのか、刷新は良いことだ」と言う。そこで部長に「労働大学の刷新をやれと森君に言ったよ」と課長に話しておいて下さいと頼んだ。

・憲法科目を新たに設けた。憲法は小林直樹（東大）、労働法は青木宗也（法政大）、社会福祉は一番ケ瀬康子（日本女子大）など、第一級の講師に総取替した。

・刷新した内容を、多くの人に知らせなくてはならない。記者クラブへの資料配布だけでなく、新聞各社を訪問して「科目と講師名」をすべて掲載して下さいと依頼した。

右翼二人が現れる

・新聞各紙に刷新した労働大学の科目・講師名が掲載されて数日後、「菊水行動隊」「不敬言論審査会」を名乗る二人の男が労働部にやって来た。部長も課長も応対に出ない。係長の筆者が一人で対応した。二人の男は小柄であった。掴み合いになっても「恐るるに足らず」と思った。だが、いつの間にか背後に座していた目つきの鋭い大きな男が気がかりであった。

・「左翼の講師ばかりではないか」と言うので、「この方々は現在日本の第一級の講師です…」と説明を始めると、とたんに大声で「お前はアカか」と恫喝してきた。すかさず「ドン」とテーブルを叩いて「アカとはなんだ。公務員にアカと言うのは最大の侮辱である」と、大声で怒鳴り返した。（アカなる言辞は権力側の不正な抑圧コトバである）だがここでは、こう反論するのが得策だと考えた。暫く論議が交錯して右翼の二人は帰った。後方に座していた人は県警公安二課（右翼担当）の警官であった。（後日に分かったことだが、課長が右翼に来年から講師を変更すると約束したらしい）

［神奈川県労政学博士］

・大内さんという労政事務所長がいた。少しお酒が入ると、熱情を込めて労政行政を談論する。嫌がり陰口を言う人もいるが、まことに愛すべき情熱ある所長であった。横浜市立大学の三浦恵司教授と「大内さんの退職時に労政学博士号贈呈式を挙行する」ことを企んだ。

・贈呈式会場は箱根大平台の地方共済の温泉宿にした。『神奈川県労政学博士審査委員会印』なる大きな角印を作り、県庁内の賞状を墨書する方に書いて貰って角印を押印した。立派な博士号の証書ができた。労政所長全員に案内状を送付した。労働部長にも出席を依頼した。部長が出席するのなら出ないわけにはと、架空の労政学博士贈呈式に全所長が出席することになつた。

・当日の朝、大磯の大内さん宅に確認の電話をした。「本当に出て行って良いのか」の喜びの声であった。三浦教授のユーモアあるスピーチで贈呈式は楽しく盛り上がった。『神奈川県労政学博士審査委員会印』の大きな角印は58年後の今も横浜市緑区鴨居の自宅の机の引出しに入っている。

〔これからの労政行政〕

・「労政行政とは何か、労使関係に行政が関わってよいのか」——を考えた。『これからの労政行政』と題して小論を書いた。コピー印刷をして「問題提起」の心算で職場の数人に配った。労働部長がこれを読み、労政課長に「職員にこれを討論させてはどうか」と言った。上司に従順な課長がめずらしく反対した。労政行政を批判する風潮が広まることを危惧したのであろう。何よりも自分の職務への批判になることを怖れたのである。

・そのころの労働組合は「春闘」という統一行動で「賃上げ」を、ときには「反戦平和」の運動を展開して活気があった。そのころの労組役員には「自分が不利になることをも厭わぬ献身」と「未来を切り拓く気概」があった。２０００年代の「連合」とは大きく異なっていた。

・労働部の仕事の殆ど総ては、労働省が策定して指図する事業であった。労働行政だけではない。国の各省庁は「機関委任事務」の名目で府県を下請執行機関にしていた。府県は国の地方代官であった。憲法の「地方自治」は名のみであった。

（筆者の問題意識はこのころから「自治体の政策自立」に向かっていた）

［自治大学校］

・課長から「自治大学校の研修に行かないか」と勧められて応諾した。自治大学校とは、自治体の中堅職員を対象に研修を行う自治省の組織である。府県職員は6カ月、市町村職員は3カ月の全寮制研修である。恵比寿駅から南部坂を上った有栖川公園正面に所在していた。

・60年代70年代の日本社会は保守と革新のイデオロギー対立の時代であった。講師は大学教授もいたが、主として自治省官僚であった。自治省の考え方を都道府県・市町村に伝達（注入）する研修である。しかしながら、佐藤功（成蹊大教授）の憲法講義は明快で小気味よくすこぶる人気があった。

・研修内容はともかく、6ケ月の寮生活最大の成果は、同じ年代の「親しき知り合い」が全国に出来たことである。隣室の石川県の木村さんが街から女性の民謡師匠を見つけてきて民謡クラブをつくり、生まれて初めて民謡を習った。青森の八戸小唄、新潟の十日町小唄、宮城のさんさしぐれ、岡山の下津井節、鳥取の貝殻節、宮崎のシャンシャン馬道中唄などを合唱した。まことに楽しきことであった。

自治資料研究センター研究員

・自治大の6ケ月研修が終わるころ、加藤道子氏（自治省内で有名な?女性官僚）から、自治大学校に「財団法人・地方自治資料研究センター」が付置されるので、研究員として1年協力してもらいたいと言われた。「知事が長洲一二氏に交代したので神奈川に帰りたい」と辞退した。だが加藤氏は「神奈川県の上層部に話して了解を得ている」と言う。自治省内での加藤氏の「有名」とはこの強引さであろう。

・だがここで、加藤富子氏の強引さ（意志を通す）を評価して紹介する。夫君は「学術研究誌・自治研究」に屡々論文を発表する自治省官僚の鹿児島重治氏である。結婚はしたが姓を改めず「加藤富子」を自治省内で押し通し認めさせた。

自治体学理論の萌芽

・自治資料研究センターの1年に、さしたる収穫は無かったが、唯一の収穫は、「内務官僚の座談会記録を読んだ」ことである。戦後間もないころの座談会である。『知事公選をＧＨＱに押し付けられたときほど、戦争に負けた悲哀を感じたことはなかった』と語り合う内務官僚の座談会記録である。

日本中が焼け野原になり、食べるものも無く、住む家も無い悲哀、「星の流れに身を占って…」の歌謡の悲哀にも、いささかの思いを馳せることの無い、度し難い内務官僚の特権習性を視た。『自治体の政策自立を実現しなくては』と、強く思った。

「自治体学理論」への萌芽である。

2　文化行政

１９７７年３月、神奈川県庁に復帰した。

・文化行政は、大阪府の黒田了一知事が１９７２年８月、宮本又次、梅棹忠夫、司馬遼太郎など10人のメンバーによる「大阪文化振興研究会」を設置し、三か年の研究成果が二冊の本となって刊行され、大阪府企画部に文化振興室を新設した。これが自治体文化行政の始まりである。

・長洲知事の発案で県民部に文化室が新設され、筆者は企画担当に配置された。

企画担当の仕事は三つだと考えた。

①　文化とは何か

②　文化行政とは何をすることか

③　行政が文化を政策課題にできるのか

皆目見当がつかない。独りで考えたのでは思案がまとまらない。

「考える場を三つ」つくった。
一つは、仲間を集めて時間外の自主研究会
二つは、県庁内のメンバーによる「文化行政・研究プロジェクトチーム」
三つは、文化問題に見識のある方に委嘱する「文化行政懇話会」の設置

・自主研究会、庁内プロジェクトチーム、文化行政懇話会の三つの報告書・提言書が、神奈川県の文化行政の指針であった。自主研究会の報告書は月刊「職員研修」79年4月号で全国に紹介された。文化行政の草創期のころである。

文化行政壁新聞

・知事の発想で「文化室」は新設されたが、議会の多数会派は長洲知事に得点をさせたくない。幹部職員は人事権を持つ知事に従うけれども面従腹背であった。文化行政に冷たい空気が

漂っていた。庁内に「文化行政の市民権」を確立しなければならぬと思った。

・「文化行政壁新聞」を刊行しようと考えた。パンフレットの類は直ぐに紙屑になってしまう。「一か月貼り晒し」の壁新聞が良いと思った。ところが、文化室長も県民部長も壁新聞の予算要求に（内心では）不賛成であった。

［予算要求］

消極的な室長と部長が予算を財政課に要求することが（ようやっと）決まった。ところが、年休で一日休んで出勤すると何やら雰囲気がおかしい。若い職員に問い質すと、昨日部長室で『壁新聞はDランクで要求する』と県民部として決めた」とのことであった。「Dランク要求」とは「削って結構です」の予算要求である。

原総務部長は副知事になりたいと思っている。副知事は知事の胸三寸である。文化行政は知事の目玉政策である。総務部長は知事に忠誠を示さなくてはならない。

・総務部長に会いに行った。「森君、壁新聞を毎月出せるのかね」と訊く。「壁新聞だけでなく七項目の文化行政予算を全て知事査定に上げて下さい」と頼んだ。「七項目全てを知事査定に上げて大丈夫かね」（知事には何も言ってはいないが）「大丈夫です、知事には話してありますから」と言った。

・総務部長査定が終わった直後の県民部総務室で「おかしいなぁ、Dランクがみんな通った」と職員が話しているのを耳にした。

・次は知事査定である。１９７８年1月7日、いつもより早く出勤して秘書室職員に「知事に話があるので査定前に会わせてほしい」と頼んだ。秘書は「文化室の森は知事と特別な関係がある」と錯覚したのか、「知事さんがお出でになりお茶を差し上げ日程を説明した後に一番でお会い頂きます」となった。

・部屋に入っていくと知事は独りであった。「文化行政予算を全て認めて下さい」「森君、これ全部やれるのかね」「やります」「分かった」になった。
かくして、文化室の文化行政予算は全て実行可能の予算になった。

1　文化行政壁新聞の発行
2　文化行政推進本部の設置
3　文化のための１％システムの開発

4　地方の時代映像祭の開催
5　行政のデザインポリシーの策定
6　文化の第三セクターの設立
7　全国文化行政学会の設立

〔文化行政壁新聞（ポパール）〕

・話は少し遡るが、財政課に予算要求をする段階で、壁新聞に名前をつけることになった。いろいろと考えたが「良い愛称」が浮かばない。当時売れていた雑誌に「ポパイ」「ポスト」があった。「パピリオン」という商品もあった。発音はパ行である。「ポパール」という音が浮かんだ。語感が良い。何度か唱えていると「これで良い」と思った。苦し紛れの命名で特別な意味はない。

・財政課長査定で「ポパールの意味」が訊かれた。筆者はその日は出張で県庁にいなかった。誰も答えられない。出張先に電話がかかってきた。音（オン）で「ポパール」としたのだから意味はない。だが「意味はない」とも言えないので、咄嗟に「ラテン語」で「人々の芸術」という意味です。英語なら「ピープル・アート」ですと返答した。

翌日、出勤すると「昨日は大変だったのよ」と東京外大卒の女性職員が言う。財政課からポパールの綴り「スペル」を訊かれて、その女性が図書館からラテン語辞典を借りてきて調べたが見つけられなかったとのことであった。「出てなかったかねー、ＰＯＰＡＬだよ」と苦笑して呟いた。「綴り」なんぞ「どうだって良いではないか」と思った。

［「ポパール刊行」の予告記事］

・知事査定で壁新聞「ポパール」の発刊は定まった。

壁新聞の標的は県庁職員である。当時の神奈川県庁には二代前の内山岩太郎知事が「教養月報」と命名した全職員配布の月刊の広報紙があった。

その「教養月報」に「論説的予告記事」を掲載しようと考えた。小村喜代子さんという庁内でも有名な女性編集者に会いに行った。快諾を得た。

・役所では、業務に関する原稿を庁内広報紙に書くときには、上司の「事前了解」と「原稿内容の承認」を得るのが通常である。それを知らないわけではない。だが、文化室長は庁内広報紙に掲載することを（自分では）決められないだろう。次長に相談するであろう。そして「時期尚早」などの言い方で掲載は先送りになるであろう。「波紋が庁内に広がる」ことを極力避けたいのが面従腹背の幹部の常套である。

・そしてまた、「教養月報」に掲載することになったとしても、「原稿」は無意味な内容に変質するであろう。そうなれば、壁新聞発刊の「新鮮な衝撃イメージ」は職員に届かない。そこで、誰にも相談しないで原稿を書いて職員課に届けた。（教養月報に掲載された原稿は今もパソコン内にある）

［「ポパール」から「かもめ」に］

・県民部担当の湯沢副知事から電話で呼び出された。
副知事室に入っていくと「森君、壁新聞の名前は知事さんに付けてもらったらどうかね」と言われた。「やっとここまで漕ぎつけた」の想いがあったから内心不満であった。

だが嫌とは言えない。「そうですか」と言って退室した。自席で「どうしたものか」と思案した。そしてふと思った。この壁新聞は現状維持の庁内文化に異質の価値観を提示するのだから、必ず悶着を起こすであろう。そのとき「知事命名」は役に立つ。

そう考えて秘書課に「知事に命名して貰いたい」と電話した。

・翌日午前、特命秘書の蔵から「知事が考えてきたよ」と電話がきた。
「何という名前？」「かもめだよ」。瞬間「悪くない」と思った。

「県の鳥」は「かもめ」である。知事がそれを「壁新聞」の名前に付けた。「かもめのイラス

ト も描いてあるよ」と蔵がつけ足した。
（特命秘書であった蔵さんは現在札幌市内で喫茶店を開業している）

・そのとき「アッ」と気付いた。「教養月報」に出した原稿のタイトルは「ポパールの発刊」である。大慌てで職員課に電話した。「小村さんは神奈川新聞社の校正室に行っています」。神奈川新聞社に電話した。「最終校正をしています」と小村さん。「タイトルも文章も全て『ポパール』を『かもめ』に訂正して下さい」。危ないところで間に合った。かくして「ポパール」は「かもめ」に改名された。

［庁舎管理課長］

・次の問題は「文化行政壁新聞・かもめ」を何処に貼るかである。各課の室内壁面はロッカーが占拠して貼る場所が無い。エレベーター内を考えたが身体に近すぎて読めない。玄関入口に貼っても県庁職員は早足に通り過ぎるから読まない。そこで「新庁舎のトイレ」に貼ろうと思った。

・だが、庁舎管理は年々厳しくなっていた。革新団体が県庁にやってきて敷地内でビラ配りをするのを規制していた。トイレに壁新聞を貼るのは容易なことではない。容易ではないが「貼る場所」を確保しなくてはならない。

・庁舎管理の責任者である出納長総務課長に会いに行った。「聞いていられると思いますが、文化室の『壁新聞』の掲示場所の件ですが…」と切り出した。課長は怪訝な表情で「何の話しですか」と言う。「まだお聞きになっていませんか、秘書課から話しはきていませんか」「実は過日、知事と話していたとき『かもめ』の掲示場所の話しになって、新庁舎トイレの洗面場所が良いと言ったら、知事が『それはおもしろいね』となつて、『知事からも庁舎管理課長に言っておいて下さい』ということだったのです」と話した。

・総務課長は「聞いていませんが『トイレ』にですか、一度認めると職員組合もステッカーも貼らせろとなると困るしねぇ」と。当然ながら「それはダメです」の表情であった。ところが、翌月は「定期人事異動」である。部課長クラスの大幅人事異動が噂されている時期である。部課長の人事は知事の専権である。総務課長の脳裡には「職務を無難に」と「昇格への期待」が交錯する。しかし「トイレに壁新聞はねぇ」と呟く。天秤が脳裡で右と左に傾く。そこで「こうしたらどうでしょうか」と提案した。

・「一回だけ試行的に認めて、二回目の『継続するか』『止めるべきか』の判断は『総括管理主幹会議』で行う」「『総括管理主幹会議』の議題にすることは文化室の責任でやりますから」と言った。総務課長は「文化行政壁新聞は知事の肝いりである」「継続して貼るか否かは庁内会議が判断する」と考えたのであろう。「試行的ならいいかな」と呟いた。間をおかず颯と用意してきた「トイレに掲示」の「伺い文書」を差し出した。

県庁のトイレに貼る

・庁舎管理の責任者である出納総務課長のハンコを貰うことに成功した。（知事との過日の話はもとより架空のことである）直ちに県民部に戻って県民部長に決裁をお願いした。県民部長は「出納総務課長はよく認めたねぇ」と言いながらハンコを押した。次は次長である。次長は部長が決裁しているから「内心で何と思ったか」は別としてハンコを押した。最後に文化室長の決裁である。

・役所の通常では手続きが逆である。文化室長も内心に複雑以上のものがあったであろう。普通ならば認めがたいやり方である。だが県民部の幹部にも「翌月の人事異動」が作用していたのかもしれない。しかし「庁内ルールを無視するふるまい」の烙印は確実に吾が身に刻印されていく。しかしながら、通常の手続きでは何もできない。役所文化では「文化行政」はできない。もともと「文化」と「行政」は異質である。

・文化室の職員に頼んだ。男性と女性の二組で「今直ぐ、新庁舎地階から十二階までのトイレに貼ってよ」と。トイレに壁新聞を貼るのだから、ボヤボヤしていると「ちょっと待った」がこないとも限らない。男性トイレには「小用を足す目の前」に貼った。(役人意識が脱けているときである)。女性トイレは身だしなみを整えるスペースに貼った。

・文化行政の初期のころは全てが「役所作法」との「綱渡り競争」であった。本庁舎と分庁舎のトイレにも貼った。後は急ぐことはない。順次に掲示場所を確保していった。十二階の職員食堂、屋上の図書室、別館の職員会館、地階の売店にも貼った。

[専有掲示場所]

・オレンジ色に黒色で「文化行政壁新聞・かもめ」と書いたラベルを「発砲スチロール」に貼りつけて表札を作った。表札の裏面には両面粘着テープが付着してある。一度貼ると剥がせない。剥がすと「発砲スチロール」が壊れる。

出先の職場にこの「表札」を「壁新聞」と一緒に送付した。「教養月報」に予告されていた壁新聞であるから、職員が適宜な場所に表札を貼りつけ掲示した。その瞬間、そこが「かもめ」の専有掲示場所になる。全国の都道府県にも送付した。その話は後で述べる。

［編集委員］

・編集委員には覚悟と才覚が必要である。そこで委員の選出に工夫を凝らした。問題意識と感覚の優れた職員と個別に会って同意を得た。その後で「文化室長名の文書」で所属長に「この職員を推薦して頂きたい」と依頼した。そして、編集委員が腹を括るべく、知事室で、『文化行政壁新聞・かもめの編集委員を委嘱する』と墨書した知事名の依嘱状を知事から七名の編集委員に手渡して貰った。
（ここで断っておくが長洲知事と筆者は特別な関係ではない。文化室に異動になる前には会ったこともない。だが知事の目玉政策を現実化するのだから、この程度のことは知事にやって貰ってよいではないかと思っていた）。

・「毎号の内容」は七人の編集委員で決めるのだが、紙面にその内容を表現する「デザイン力」は素人では難しい。そこで東京芸術大学講師の吉本直貴さんにお願いした。吉本さんは「県庁内に貼り出す壁新聞を珍しい」と思ったからでもあるが、無料で最後まで協力して下さった。

そこで、紙面づくりの一切を吉本さんにお任せした。「イラスト」も「キャッチコピー」もお任せした。責任は文化室企画担当の筆者である。壁新聞は文化室の予算であるが、文化室長にも事前の了承を得なかった。知事室での「依嘱状の手渡し」は「知事特命の編集」にするための工夫であったのだ。

・ある号で、次長室に呼ばれた。「森君、この文章はこう書くのが良かったのでは」と助言された。「そうだとは思いますがお任せください」と答えた。一度「助言」を受け入れると次第に「事前了承」になってしまうからである。「真に相済みませんが、気づいても助言はしないで下さい」とお願いした。

［服装は思想］

・第一号のタイトルは「服装は思想です」である。
役所は形式的で画一的で「前例と規則」である。「無難に大過なく」である。公務員の服装は「ドブネズミ」と言われている。葬式でもあるまいし同じ色のスーツである。個性的な洒落た服装であるべきだ。真夏にネクタイは暑苦しい。「個性のない服装」だから仕事も「無難に大過なく」になるのだ。開襟シャツを着こなせばよい。

・文化行政には公務員の変身が必要である。そこで「服装は思想です」にした。この壁新聞を「県庁舎のトイレ」と「全ての県内職場」に貼り出した。新聞各社はこれを写真入りで報道した。創刊号「かもめ」は初夏の空に飛翔した。1979年5月15日であった。

［神奈川県庁のムダ］

・第十一号は「県庁のムダの考現学」である。

1980年3月9日の壁新聞は「会議が多過ぎる」「多過ぎる役職者」「職員配置の不均衡のムダ」「コピー時代に流されて安易に資料をつくる」「仕事の質より職員の数が多ければエライ思い込んでいる所属長のお役人気質」「女子職員のお茶くみ」「議会開催中に五時以降の居残り職員が多過ぎる」など。新聞各紙は朝刊で「壁新聞が内部告発」、「県庁のムダをヤリ玉に」などの見出しで一斉に報道した。

・新聞とテレビが報道して話題になり議会で論議になった。議会で話題になるのは良いのだが、自由な紙面づくりが出来なくなることを心配した。県民部幹部の事前決裁（検閲）になっては困る。信頼できる議員に頼んで県民環境常任委員会の論議を聴いた。「部長が紙面を抑制することはしないだろうな」「文化室から出ていることが良いのだから」などの激励発言であった。

・「かもめ」が、議会の論議になり新聞で報道されたので、管理職も読むようになった。８００部刷って県の職場だけでなく県内市町村にも配布した。全国の都道府県にも先に述べた「発砲スチロールの表札」を付けて送付した。「文化行政の全国情報紙」にするためである。後日、他府県の文化行政担当課を訪れると「かもめ」が「発砲スチロールの専有掲示場所」に貼られていた。

各号の「タイトル」と「内容」は『物語・自治体文化行政史―10年の歩み』（新曜社 -1988）に掲載されている。

文化行政を研修科目に

・神奈川県は30年続いた「公務研修所」を「自治総合研究センター」に改組した。松下圭一教授の助言を得て「地方公務員の養成所」から「自治を研究するセンター」に改革した。その自総研センターの所長に会いに行った。「文化行政を研修科目にしてもらう」ためである。

・武井所長に「研修所を改革したのだから、変化がハッキリ見えることが大切です」と切り出した。「何か良い考えがあるかねぇ」と返ってきた。用意してきた「政策研修の手法」と「講師名」を書いたメモ（井上ひさし「未来への想像力」、谷川健一「文化の火種としての地名」、松下圭一「市民文化の可能性」、色川大吉「自治と自由民権」）を差し出した。

・「こんな著名講師が通常の講師謝金で来てくれるのかね」と尋ねる。「行政革新をやりたいと心情を披歴して頼むのです。謝金の額ではないのです」と弁じた。所長は「それなら君が折衝してくれないか」と言う。文化行政を研修科目にすることを交換条件に折衝を請け負った。

［井上ひさし（作家）］

・電話をしたが、よし子夫人のガードで本人と話しができない。人気作家の井上さんには多様な依頼がくる。だが「こまつ座の脚本」も開演初日までに間に合わないときがある。健康管理もあってよし子夫人の関所は鉄壁で、研修講師は頼めなかった。
だがこの七年後に「文化ホールがまちをつくる」を学陽書房から出版したことで、井上さんが郷里の山形県川西町で毎年開いている「生活者大学校」の講師に招かれることになり、そこでの見聞を講談社の「月刊・現代」１９９３年11月号に「川西町」を書いた。

・生活者大学校での二回の講義は「井上ひさしの農業講座」（家の光協会）に収録された。それ以来、井上さんから新刊のご本をその都度頂いた。書架には最期の長編小説「一週間」（新潮社・２０１０‐６‐30発行）と最期の戯曲「組曲虐殺」（集英社・２０１０‐５‐10発行）までの47冊が並んでいる。

［谷川健一（民俗学）］

・谷川さんの「文化の火種としての地名」の講義は刺戟的であった。これがご縁になり、そのころ谷川さんが念願していた「地名全国シンポジュウムの開催」に協力することになった。知事室と連携して、川崎駅前の日航ホテルで、長洲知事と伊藤三郎川崎市長が揃って記者会見を行い「地名全国シンポ」を「神奈川県と川崎市が共同して開催する」と発表した。これは画期的なことである。なぜなら、自治体は自治省の指図で「住居表示に関する法律」の先兵として地名を破壊しつづけていたからである。

・「地名全国シンポジュウム」は、谷川さんの人脈で全国から著名な学者、郷土史家、作家、出版関係者、行政職員が参集した。まことに多彩な顔ぶれであった。開催日の直前には、桑原武夫氏が「地名と柳田学」の記念講演を行った。メディアはこれらを全国に報道した。

［松下圭一（政治学）］

・松下さんと最初にお会いしたのは、横浜国際会議場で開催した全国文化行政シンポジュウムのパネリストを依頼したときであった。場所は朝日新聞社の最上階レストラン「アラスカ」であった。爾来35年のご交誼を頂いている。日本で最初の文化行政の本である「文化行政―行政の自己革新」（学陽書房）の共編著者にもなって下さった。北海道の自治土曜講座にも講師で度々お願いした。「新自治体学入門」時事通信社刊（２００８年）の推薦書評も書いて下さった。

◎この人・この本◎

森 啓『新自治体学入門～市民力と職員力』（2008年、時事通信社）

森 啓（北海学園大学教授。1935年生まれ。60年神奈川県入庁。埋蔵文化財センター所長などを歴任し、93年に退職。北海道大学教授に着任。98年より現職。日本自治体学会運営委員など）

職員が拓く自治体政府の展望

松下圭一（法政大学名誉教授）

芸術家やスポーツマン、政治家やジャーナリストなどは個性ある仕事が課題といえるだろう。サラリーマンや官僚のなかにも、個性ある仕事をする人物がいる。だが、2000年分権改革まで、官治・集権型の「機関委任事務」方式のため、個性ある仕事をしてはいけなかったのが、自治体職員であった。自治体職員に個性ある仕事をさせない官治・集権は、日本という「国の大失敗」だったと、自治・分権の今日、強調せざるをえない。

本書の著者森 啓さんは、神奈川県職員のころから、自治体職員のこの禁制を破って、個性ある業績をのこした数少ない自治体職員の一人である。このことは、森さんを知る人なら、誰もが認めるであろう。自伝風でもあるが、本書は現時点での自治体課題を、誰にもわかりやすい、リズミカルな文体でまとめている。

私が森さんに出会ったのは、1978年、神奈川県が公務研修所を自治総合研究センターにきりかえた前後だった。この再編の原案は私がつくったのだが、政策研究と政策研修とをむすびつけた日本で最初の自治体研修改革となる。森さんは、このセンターの研究部長にもなっている。その経験もふまえ、第9章「自治体職員の研修」では、自治体独自の政策づくりという問題意識が皆無だったのだが、自治省公認の旧人事院研修方式を背景にもつ、かつての自治体研修を批判している。

研修は、官治・集権の「歴史と価値意識」がしみこむ言葉をつかう能吏ではなく、「地域課題」を自治・分権型で解決する自治体職員の、日々の誕生をめざすべきだという。自治体職場では、時代錯誤の①慣例、②上司、③考え方がはびこり、その改革にとりくめば、今日でも「俄然辛い職場になる」。この実情のなかでは「研修の改革」が不可欠と具体案をのべ、特に現場での出会いにおける職員一人ひとりの「感動」という「衝撃」が必要だと、達意の論点をのべる。

森さんはまた、⑴文化行政の提起、⑵自治体学会の創設にかかわっている。

⑴文化行政には、森さんはそのパイオニア職員として著作をかさねた。とくに『文化ホールがまちをつくる』は、ハコモノをタテ割行政ではなく、市民ついでその自治体の地域づくりとみなす最初の労作となる。第3章「市民力と職員力」がこの論点をとりあげている。

⑵自治体学会の創設については、第10章「自治体学会設立の経緯」が、関連文献の整理をふくめくわしい。

1993年、森さんは北海道大学法学部にうつるが、北海道の自治体を一躍有名にした、いわゆる「土曜講座」を自治体の方々とともに、1995年たちあげた。毎年数回の連続講座をひらき、その講義をまとめた公人の友社刊のブックレットは115冊になり、日本全体の自治体にひろく波及力をもつ。受講生のなかから、すでに北海道では10人をこえる長もでていると、本書はいう。

そのほか、自治体改革、市町村合併、道州制、あるいは市民自治基本条例、住民投票などの章をもち、これらの最先端領域を森さんらしい切り口でのべる。「地方公務員から自治体職員へ」「自治体政府と自治体学」「国家法人理論 対 政府信託理論」など、理論レベルにも目配りをする。

「あとがき」に、理論には説明理論と実践理論があるとのべているが、「一歩前にでる」実践理論の提起が本書の意義である。自治体職員の可能性を、私達は本書に具体性をもって発見できる。元気のでる本である。

［色川大吉（近代史）］

・電話で話すと「その内容なら神奈川県史編纂委員の近代史の江村栄一先生に依頼されるのが筋です」と断られた。電話では意が伝わらない。「会って下さい」、「会っても同じです。引き受ける訳にはいきません」、「会って下さい。会って下されば今の話しはしませんから」。「それなら何のためにやって来るのか」と色川さんは思ったであろう。だが「とにかく会って下さい」の語調に「何かを感じた」のかもしれない。会う約束をもらった。

・1980年4月28日、書棚から色川さんの本8冊を取り出しボストンバックに入れて国鉄横浜線に乗った。指定された場所は研究棟の玄関ロビーであった。「会うだけ」だからであろう。ボストンバックから本を出しテーブルに並べ、朱線の入った頁を開いて「ここのところを」「このところが良い」と言い始めた。色川さんは笑い出して「寄り切りで私の負けですな」「何日にいけば良いのですか」と言ってくださった。

・研修当日は自治総合研究センターの玄関で出迎えて聴講した。昼食は所長の配慮で長洲知事お気に入りのレストラン（かおり）に行った（通常は講師控室での出前弁当である）。

〔自由民権百年大会の会場〕

・食事の後、色川さんから「自由民権百年全国集会の会場」が見つからないで苦慮しているとの話が出た。即座に「神奈川で開催して下さい」「相模は自由民権の歴史のある土地ですから」と言った。「三千人くらい集まります。会場がありますか」と訊く。「神奈川県民ホールは２４５０人の座席があります、会議室もあります」「それは有難い話ですが、二日間借りられますか」「大丈夫です」と答えた。全国集会は翌年の81年11月21日と22日である。

〔会場を確保〕

・県庁には役所流儀の処世術に長けた人がいる。県庁内の人脈に詳しい人である。そのＫ氏に事情を話して頼んだ。「分かった」と引き受けてくれた。暫くして、色川さんから「会場のお礼」と「当日の祝辞のお願い」で長洲知事にお逢いしたいと連絡があった。文化室長にその旨を伝えた。

〔廊下まで怒声聞こえる県民部〕

廊下を歩いていると部長室から怒声が聞こえた。応接の女性に「誰がやられているの」と訊いたら「貴方のとこの文化室長さんですよ」と言う。県民部長は大声で部下を叱責することで有名であった。「廊下まで怒声聞こえる県民部」という川柳めいた噂のある部長である。文化室に室長が帰ってきたので「何のことですか」と訊ねると「自由民権大会のことだよ」「自由民権が文化室と何の関係があるのか」と叱られたと言う。「何と答えたのですか」「あまりの剣幕で返答できなかった」とのこと。「文化行政は明治百年来の近代化の文化を問い直す仕事です」と答えてもらいたかった。

［部長・次長・室長―突然の不在］

・「知事表敬」の当日のことである。
著名な歴史学者である遠山茂樹、色川大吉、後藤靖、江村栄一の方々が県庁にやってきた。当日の手順は、県民部長室に来て頂いて、県民部長が知事室に案内することになっていた。筆者は玄関で出迎えて八階の県民部長室に案内した。ところが部長室には誰もいない。部長、次長、文化室長の三人がそろっていない。応接の女性に訊いたが「知らない」と言う。「ハハーン」と思い「それならば」と思った。

・応接の女性にお茶を出してもらって、内心で「今日は自分が県民部長である」と思いながら、「急用で部長は不在になりました」と言って一人で応対した。練達な先生方はこの日の情況を了察して「長洲さんもたいへんだな」と思ったであろう。

先生方に「これから知事室にご案内いたしますが、県庁の流儀では『どの部署が自由民権百年大会を担当するか』が重要なことです」そこで「先生方から文化室にお願いしたいと言って下さい」と話しておいた。

・知事はにこやかに応対した。知事室には四人の客と知事と筆者の六人だけであった。案の定、知事は筆者に顔を向けて「担当は何処になるかな」と訊いた。「文化室でお願いできれば」と手筈どおりに遠山実行委員長が言った。「県民部でよいかね」と知事は筆者に言い「結構です」と答えた。それで県民部が担当することに決まった。先生方は少し談笑して帰られた。

・この間、県民部幹部は何処に居たのであろう。示し合わせて不在になったのは、議会の多数会派に「自由民権百年大会」を県民部が望んで支援したのではないのだと、示したかったのであろうか。部長、次長、室長の三人はその間「何の話」をしていたであろうか。

〔自由民権百年全国集会〕

・1981年11月21日と22日の両日、神奈川県民ホールで自由民権百年全国集会が開催された。全国から研究者、教員、学生、市民の約四千人が参集した。

・会場は熱気に包まれ参加者は自由民権運動の歴史的意義について論じ合った。なかでも参加者が激しい拍手を送ったのは、壇上に並んだ、秩父事件（1884年、埼玉県秩父で農民らが借金の据え置きなどを求めて蜂起した事件）など、自由民権期に各地で起きた激化事件で殉難した民権家の遺族約70人に対してであった。一世紀にわたって「暴徒」とか「逆賊」とかのレッテルを張られてきた民権家の子孫が名誉を回復した感動的な場面であった。

・長洲知事は祝辞を述べ萬雷の拍手で会場提供を感謝された。歴史学者家永三郎、松本清張、小田実などの著名な方々が次々と登壇した。前年放映されたNHK大河ドラマ「獅子の時代」で主役を演じた加藤剛さんは「自治元年」のセリフを朗唱した。新聞・テレビはこれらを連日大きく報道した。

かくして、「文化行政」は職員研修の必修科目になり筆者は講師を何度となく務めた。

文化のための1％システム

・「文化の1％システム」とは、建設工事費に1％の額を加算して、魅力ある地域文化を創りだそうとする文化行政の政策である。神奈川県が始めたこの施策が全国に広がつた。

〔全国に広がった1％システム〕

神奈川県　文化のための1％システム
兵庫県　生活文化をつくるための1％システム事業
福島県　文化のための1％システム
東京都　文化のデザイン事業
長野県　公共建築物文化高揚事業
石川県　教育環境整備事業
滋賀県　文化の屋根をつくる1％事業
広島県　公共施設等修景化事業

高知県　　施設等への文化性付加等推進事業
鹿児島県　かごしまの美とうるおいを創る事業
尼崎市　　公共施設の文化景観の創造事業
伊丹市　　ゆとりある文化的境整づくりのためのプラスアルファシステム
広島市　　公共施設文化投資事業

建設省大臣官房から電話

・建設省大臣官房から電話で「文化の1％システムの資料を送って貰いたい」と言ってきた。筆者は（自治体の政策自立が必要だと思っていたので）、「自治体が考案した政策資料が欲しいのなら、神奈川県にいらっしゃい、来れば説明して資料をあげます」と応答した。

・すると「貴方の名は何というのか」と言うので、「名前を訊くなら、自分が先に名乗るのが礼儀でしょう、あなたの名前は何というのですか」と言った。「自分は大臣官房の渡辺だが君の名は」と言う。その語調は「天下の建設省の大臣官房に対して地方の公務員が何という返答か」であった。

・そこで「自治体が考案した政策手法を省庁が聞き集めて、あたかも国が考え出したかのように、一律に通達で自治体を政策指導するやり方は宜しくない」と言うと、途端に電話を切った。（おそらく神奈川県の土木部職員は「イヤガラセ」をうけることになるであろう）

［中央都市計画審議会委員］

（後日の北海道大学に赴任してからのハナシであるが、文化行政に関わるので此処に書く）

・深夜、建設省大臣官房から電話が架かってきた。「中央都市計画審議会委員になっていただけますか」の電話である。事情が分からないので「どういうことですか」と訊いた。「貴方はうちの大臣とお知り合いですか」と言う。建設大臣は社会党の五十嵐広三氏である。

・それで「ハハーン」と了察した。察するに、建設省大臣官房がまとめた「中央都市計画審議会委員の名簿」の大臣決済のとき、五十嵐さんが「自治体の文化行政に詳しい人を加えなさい」と指示したのであろう。「都市計画審議会委員、承知しました」と返答した。

・五十嵐さんは旭川市の市長のとき、国道である「駅前大通り」を「買い物公園」に改めた（文化のまちづくり）で有名な人である。その五十嵐さんから、社会党が水戸で開催した「文化のまち政策シンポジュウム」の司会を頼まれたことがあった。学陽書房から『文化ホールがまちをつくる』を刊行したときである。それ以来の知り合いである。

・建設省の審議会の場で「配布された資料に書かれているこれらの施策は、すべて自治体が考案した施策です。旭川買い物公園通り、釧路幣舞橋の四季像、宝塚大橋のデザインなどは、最初は建設省が無駄だと反対したものです。「地域の美しさ」や「まちの魅力」は中央省庁が指図して現出するものではない。そのことを銘記するべきである、と発言した。東京都から出ていた女性の審議委員が「建設省の審議会でこのような発言が聴けて感動です」と応援発言をした。

3　自治体の政策潮流

文化行政を自治体の政策潮流にするため三つの仕組みを作った。
［全国文化行政会議］
［全国文化行政シンポジウム］
［文化のみえるまちづくりフォーラム］

全国文化行政会議

・文化行政担当職員の交流会議が必要と考えて府県に呼びかけた。１９７７年９月、宮城、埼玉、愛知、京都、大阪、兵庫、神奈川、横浜市の7県1市の19名が箱根湯本に集まった。この情報交流会議がのちに全国文化行政会議に発展した。

・第二回会議は埼玉・浦和で開催した。第三回会議は1979年3月19日と20日の二日間、鹿児島県指宿に全国の半数近い20の道府県が集まって開催した。この種の会議にありがちな「形式的な情報交換・はやめの懇親会」ではなく「熱っぽい討論」を深夜まで繰り広げた。筆者は文化行政を自治体の政策潮流にするため「全国シンポジュウムの開催」を提案した。「11月に横浜で開催」が全員一致の賛同を得た。

・第六回宮城会議で「文化行政の手引き」の作成を提案した。『地方の時代を拓く文化行政の手引き』は数万冊印刷され、全国の自治体職員に読まれた。この「手引き」が「自治体の政策自立」の潮流に弾みをもたらした。

全国文化行政シンポジュウム

・１９７９年11月８日と９日の二日間、横浜国際会議場で「自治と文化―地方の時代をめざして」を主題に、第一回全国シンポジュウムを開催した。
主催は、全国文化行政会議・総合研究開発機構・神奈川県の三者で、参加者は43都道府県１６７人、32市町村１０３人、研究者26人、市民32人、出版関係18人、報道関係42人の総計３８８人であった。

会場は満席で熱気に包まれた。シンポジュウムの目的（ネライ）は「自治体の政策自立」である。シンポジュウムを傍聴したＮＨＫ縫田曄子解説員がこの日の夕刻、「番組・コラム」で当日の論点であった「行政の文化化」の意味を解説した。

・行政の文化化とは
行政職員は「必要なムダ」「見えない価値」「美しいまち」などの言葉を起案文章に書く。だが、実際の仕事は「行政は法律規則によって業務を執行するものです」「現行制度では致し方が御座いません」と市民には応答する。行政職員は「自分で判断をしない」「何事も上司に伺って」である。「何とかならないものか」と才覚を働かせることをしない。

そして管理職もその態度を職員に求める。ところが、その幹部職員が最大細心に注意をしているのは「責任回避」である。これが行政文化である。これでは「文化のまちづくり」にならない。行政の文化化とは行政文化の自己革新である。

［第二回全国文化行政シンポジュウム］

・1980年11月17日と18日の二日間、兵庫県三木グリーンピアで「生活と文化」をテーマに第二回全国文化行政シンポジュウムが開催された。32道府県、37市町村、11の研究団体と市民が参加した。第三回は秋田県で開催された。

かくして、中央省庁と関わりなく、文化行政を討論する自治体の会合が開催されるようになった。「自治体の政策自立」の画期的展開である。

・これまで、国が関与しないで全国の自治体が会合し政策課題を討論するということは皆無であった。前例のないことである。

省庁官僚は内心で「いまいましく・あってはならないことだ」と思っていたであろう。

文化のみえるまちづくりフォーラム

・自治体が政策自立をするには戦略思考が必要である。「文化行政」の呼称では「タテワリ所管事業の執行行政」と受け取られる。そして「文化行政」では「行政が文化を仕切る」と誤解される。その誤解を避けるために「文化行政」を「文化の見えるまちづくり」と言い換えることにした。

・「文化の見えるまちづくり」ならば、タテワリ省庁が文化行政を傘下に組み敷くことが出来なくなる。自治体職員も「省庁政策の支配」から脱して「自治体独自の政策発想」をする可能性が出てくる。市民と文化団体と行政職員が同一地面に立って話し合う「文化の見えるまちづくりフォーラム」を開催することにした

・文化の見えるまちとは「住んでいることが誇りに思えるまち」である。
文化は計量化できない価値であり目に見えるものでもない。見えない価値を保存し創出する営為が「文化の見えるまちづくり」である。

自治体の存立意味は「文化の見えるまちをつくる」ことにある。

・論議を広げるため、書物『文化のみえるまち』を刊行した。
宮本憲一先生が紹介書評を書いて下さった。

寄稿

文化の見えるまち

宮本憲一
大阪市立大名誉教授

フォーラムで講演する宮本名誉教授

近年の新自由主義の思想と政策の流れと自治体財政の危機の中で、文化行政は贅沢《ぜいたく》で余裕のある時に行えばよいとして縮減し、その事業を民間に任せるという傾向がある。また、文化施設管理の民間委託を進めている。典型的な例は大阪府で、橋下知事は児童図書館や芸能施設などの文化施設を閉鎖あるいは統合し、またセンチュリー交響楽団の予算4億円を1億円にするなど文化団体の存立を危機に陥れている。実は文化行政の発祥の地は大阪である。1973年に黒田大阪府知事が司馬遼太郎や梅棹忠夫などの提言を受けて文化振興室をつくって始めたのである。以後、自治体が誇れる町は文化の薫り高いまちであることが明らかになり、全行政を文化化する流れが進んだのである。それが先述のような市場原理主義の中で、こともあろうに発祥の地で文化行政が危機に瀕《ひん》するのは許しがたく、今回の「全国文化の見えるまちづくりフォーラム」はここから再生をという思いが参加者に伝わり、白熱した集会となった。

ここでは私の基調講演の骨子を述べた後、このシンポジウムでの森啓氏講演の基調として用意され、当日配布された同氏の『文化の見えるまち』(2009年、公人の友社)を紹介しよう。

私は、都市政策の目標は都市格の確立にあると考えている。人に人格があるように都市には風格があり、それは都市の自然環境、文化・教育施設、内発的な産業連関のある経済、市民自治によって成り立つとして、ボローニャ(イタリア)と金沢市を例に挙げた。中でも重要なのは文化であるが、なぜそれを自治体が行政の中に置かなければならないのか。それは文明とは異なり次の三つの特徴があるためである。

第1に、文化は地域固有財であり、その地域特有の性格がある。景観はいうまでもないが、芸能・芸術も地域独自の伝統を持っている。文明のように国境を越えて普遍的な性格を持ち、絶えず自然・環境を改造して発展し、あるいは破壊するものではない。この性格から文化政策の主体は自治体にある

第2に、文化は準公共財である。文化の担い手の多くは個人あるいは民間であり、市場でその作品は商品として流通しているものもある。しかし、同時に文化は公共性がある。それは商品のようにお金がなければ排除されるのではなく非排除財としての性格があり、住民が誰でも人権として享受できるものである。図書館などの文化施設は無料あるいは低料金でなければならない。また、文化は市場価値以上の価値を社会にもたらす外部性があるが、それは市場経済で評価できないので、必要に比べて過小にしか供給せず、あるいは不況になれば供給しない場合がある。そこで、公共機関が施設を造り、運営し、あるいは民間の芸術組織の維持のために補助金を出さねばならない。

第3に、文化は学習財である。文化は娯楽とは違い、それを咀嚼《そしゃく》するには牙がいる。市民が学習し鑑賞するための場が、自治体によって提供されねばならない。このように自治体が文化行政を進める責務があるとしても、その範囲は他の行政と

は違う。戦争中のように、国家が戦意高揚のために文化の内容にまで規制すれば、文化は死滅する。文化は自由がなければ発展しない。従って、文化行政は文化の内容にまで立ち入ることはできない。公共機関に信託されるのは文化そのものでなく、①作品を公開できる施設②後代に継承するための作品の維持管理③芸術・文化人の最低生活の確保④作品が市民に平等に公開される財政的援助——などの基礎条件であろう。

今世界的な大不況の下で、どのように景気を回復するかが問われているが、これまでのように公共事業などに投資をするのでなく、環境・福祉・教育・文化の振興を通じて、まちづくりをする道が求められる。その具体的な提言はこのシンポジウムのためにつくられた次の森氏の新著にある。

書評　森啓著「文化の見えるまち」

本書は、自治体の文化政策の教科書といってよい。ここでは73年に大阪府から始まった文化行政の30年を検証している。冒頭において文化の見えるまちとは「住んでいることが誇りに思えるまち」として、自治体の存立意味は「文化の見えるまちをつくる」ことにあると定義している。

この場合の自治体とは、行政のことではない。自治体の主体は市民である。従って、「文化の見えるまちづくり」は「市民自治のまちづくり」でなければならぬ。これが自治体学理論である。彼は、文化行政ではお役所の縦割り行政の弊害が出るとして、「文化のまちづくり」という総合概念にしている。

そして「文化の見えるまち」をつくるには、「主体の自己革新」が必要だとしている。それは、自治体職員も「省庁政策の支配」から脱皮し、「自治体独自の政策発想」を獲得する可能性を求めることである。このための開発の場として、市民と文化団体と行政職員が同じ地面に立って話し合う「文化の見えるまちづくりフォーラム」が開催されたのである。84年に横浜市で「参加から協働へ」をテーマに第1回が開催され、第11回が「まちに文化の風を」というテーマで池田市の市制70周年記念行事として共催されたのである。本書は、自治体行政の戦略という副題がついている。

そして、彼の定義によれば「説明理論」としての「行政の文化化」や「協働」について論じた後、「実践理論」である文化ホールのあり方や地域文化の主体について述べている。彼によれば、すべての行政を文化行政の施策といえるものに組み替えるのが行政の文化化である。文化化された行政政策によって「住んで誇りに思える文化の見えるまち」をつくるのである。例えば美術館のような施設をつくるだけでなく、伝統行事を復活させ自然や歴史的景観を市民と共同してつくり出すこと、商店街の再生や地域産業を地域生活に定着させる市民と行政の協働など、すべてが文化行政の施策である。この定義は少し晦渋《かいじゅう》であるが、文化政策がまちづくりの中心として総合行政でなければならないといっているのである。

この本では、文化ホールと自治体の文化戦略についての松下圭一氏と著者の対談が面白い。バブルから景気政策の過程で、公共事業の一環として文化ホールが各地に建てられ、70年代の４５０から08年には２１９２に増えている。公会堂のような多目的ホールから専門ホールまであり、その管理・運営について、採算が取れず、また有効な活用ができていないなどの批判がある。文化ホールをまちづくりの拠点とする森氏は「まだ足らない」とし、松下氏は批判が出ていることに未来を感じている。最近の指定管理者制度も含めて、管理主体の問題やまちづくりへの生かし方は文化行政の重要な論点であろう。また文化行政への視角では鶴見和子氏、清成忠男氏と著者の鼎談《ていだん》も興味深い。

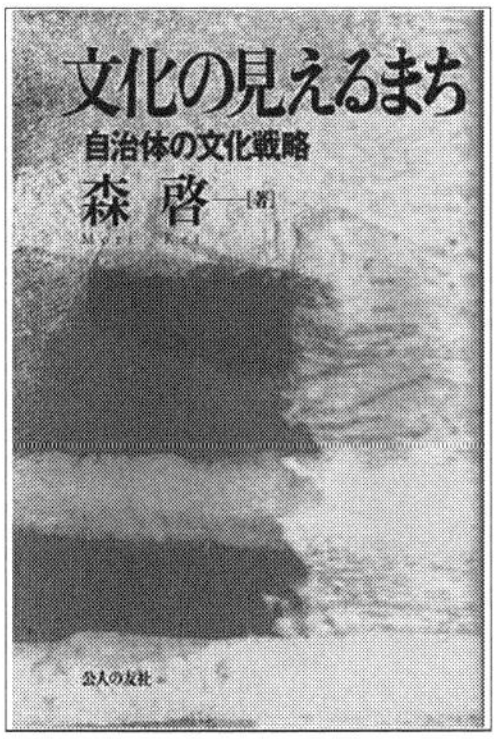

「文化の見えるまち」（公人の友社）

第1回「参加から協働へ」　1991年2月1日～2日　徳島市
第2回「地域の人・こころ・ロマン」　1992年2月5日～6日　宇都宮市
第3回「文化を発信するまちづくり」　1993年11月11日～1日　沖縄市
第4回「もう一つの文化発見」　1994年11月17日～18日　宮城県（仙台）
第5回「自然と文化の共生」　1995年7月20日～21日　高知県中村市
第6回「文化のネットワーク」　1996年10月17日～18日　北海道（札幌）
第7回「歴史と未来が出会うまち」　1997年10月16日～17日　静岡県（伊豆長岡）
第8回「水俣で21世紀を発想する」　1998年11月11日～13日　熊本県（水俣）
第9回「自治文化政策ルネッサンス」　2002年11月21日～22日　吹田市
第10回「土と炎のまち・文化メッセージ」　2003年11月20日～21日　多治見市
第11回「街に文化の風を」　2009年8月27日～28日　大阪・池田市

特集

第11回文化の見えるまちづくりフォーラム開催

市民と自治体職員の信頼関係構築を

沖縄から北海道まで300人余が参加

森　啓
日本文化行政研究会代表

第11回「全国文化の見えるまちづくりフォーラム」が8月27、28の両日、大阪府池田市で開催された。沖縄県から北海道まで全国各地から市民、自治体職員、学者・研究者、芸術・芸能家、文化団体役員、文化ホール関係者、都市計画コンサルタントなど325人が参加し、討論を繰り広げた。

文化行政は、1972年に大阪府の黒田了一知事が設置した大阪文化振興研究会の政策提言から始まった。以来、まちづくりの政策潮流となって全国自治体に広がり、それまで皆無であった文化ホールが全国各地に建設された。公共施設の建設に地域性と美観性を取り入れる「文化アセスメント」や「文化1％システム」などの自治体独自の制度開発もなされた。

文化行政は、当時の急激な工業的都市開発への反省でもあった。そして、現在は「指定管理者制度」という名目の「文化の民間委託」が流行してさまざまな問題が生じている。

文化行政が始まった70年代も、オイルショックで財政は窮迫していた。文化行政は金がないから知恵を出したのである。

文化行政は一過性の「流行」であるのか、それとも「住んで誇りに思えるまち」の創出を目指す「長期戦略」であるのか。その論議が第11回フォーラムのテーマであった。

フォーラムの概要

〔基調講演〕

「都市の文化—都市格」（宮本憲一大阪市立大名誉教授）

〔問題提起〕

「文化の見えるまち」（森啓日本文化行政研究

会代表）

〔分科会討論〕

第1分科会「文化のまちづくりの主体」
・行政職員と文化団体と市民の相互信頼はいかにして可能か
・信頼関係の構築には主体双方の自己革新が必要であるが、それは可能か
・信頼関係を阻む要因は何か、主体の変革はいかにしてなされるか

第2分科会「文化景観の保存と再生」
・歴史景観の修景美化――実践と評価
・みどりと水辺の風景保全――実践と評価
・地域の誇りとしての伝統文化――再生と評価

第3分科会「検証・文化の民間委託」
・文化ホールは「文化のまちづくりの拠点」になっているか
・「指定管理者制度」は「文化ホールの設置目的」に適合するか
・「文化施設の企業委託」は「文化の見えるまちづくり」と矛盾しないか

〔総括討論〕

討論者
上原恵美（京都橘大教授）
木津川計（「上方芸能」発行人代表）
林省吾（地域創造理事長）
倉田薫（池田市長）
助言　宮本憲一
司会　森啓

文化の見えるまち

文化の見えるまちとは、「住み続けていたいと思い、住んでいることが誇りに思えるまち」のことである。

文化は金銭で計算できない価値であり、目に見えるものでもない。見えない価値を保存し創出する営為が「文化の見えるまちづくり」である。

自治体の存立意味は「文化の見えるまちをつくる」ことにある。

非文化的な日本列島の現状は、省庁政策に従属し公共事業を肥大させ、地域文化を破壊した結末である。公共事業の肥大は米国の内需拡大要求に従った省庁政策の指図によるものである。

自治体財政の窮迫は、省庁が市町村合併を強要し交付税を削減したからである。三位一体改革を反故《ほご》にしたのは省庁の官僚である。

省庁政策に従属しては、「文化の見えるまち」はつくれない。

自治体は政策自立をしなければならぬ。自治体の政策形成力と政策実行力を高めなくてはならない。地域を守るのは自治体である。

自治体とは「行政機構」のことではない。自治体の主体は市民である。市民が政府（首長と議会）を選出して代表権限を信託し、政府の代表権限の逸脱を制御し、代表権限の著しい逸脱には信託解除権を発動して政府を交代させる。これが「市民自治の政府信託理論」である。信託は白紙委任ではない。4年期限の信頼委託契約である。重大な背信行為のときは、信託契約を解除する。

そして、行政機構は市民自治の事務局であるから、政策策定と政策実行を行政が独占してはならない。統治行政では「文化の見えるまち」にならない。

「文化の見えるまちづくり」でなければならない。これが自治体学理論である。市民も行政職員も首長も議員も文化団体の役職員も自治体学理論が必要である。

文化の見えるまちづくりフォーラム

「文化の見えるまちづくりフォーラム」の名称は次の経緯で定まった。

「文化行政」では、「行政が文化を仕切る」という誤解が付きまとう。文化行政の基本は「行政の自己革新にあるのだ」と説明をしても、説明を受ける側に「自己革新の体験」がなければその意味が理解できない。そこで、誤解を避けるために「文化行政」を「文化の見えるまちづくり」と言い換えることにした。「文化の見えるまちづくり」ならば、省庁が文化行政を傘下に組み敷くことが難しくなる。自治体職員も「自治体独自の政策発想」を獲得する可能性が生じてくる。こうして「文化の見えるまちづくりフォーラム」の名称が定まった。

第1回は1991年に徳島で開催した。第2回

は宇都宮市、第3回は沖縄市と続いた。このフォーラムは、まちづくりにかかわるさまざまな立場の関係者が一堂に会して「文化の視点」で地域社会のあり様を問い直し、「文化の見えるまち」を創出する政策を討論する異種交流の場である。

　参加するのは、市民、行政職員、企業のメセナ担当、芸能団体の役職員、オペラ演出家、指揮者、俳優、学者研究者、学生、都市計画コンサル、研究機関、文化団体、自治体議員、首長など多彩である。事務局は行政であるが、企画は実行委員会が行う。

　フォーラムやシンポジウムの討論は、「時間がないので……」が決まり文句である。そこで、徳島で開催した第1回のときは徹宵討論を試みた。徹宵討論は熱気に満ちていた。その熱気から飛び出した「東の水戸芸術館、西の岸和田マドカホール」の言い方が有名になった。

第1回　「『参加』から『協働』へ」
　1991年2月　徳島市
第2回　「地域の人・こころ・ロマン」
　1992年2月　宇都宮市
第3回　「文化を発信するまちづくり」
　1993年11月　沖縄市
第4回　「もう一つの文化発見」
　1994年11月　仙台市
第5回　「自然と文化の共生」
　1995年7月　高知県中村市
第6回　「文化のネットワーク」
　1996年10月　札幌市
第7回　「歴史と未来が出会うまち」
　1997年10月　静岡県伊豆長岡町
第8回　「水俣で21世紀を発想する」
　1998年11月　熊本県水俣市
第9回　「自治文化政策ルネッサンス」
　2002年11月　大阪府吹田市
第10回　「土と炎のまち・文化メッセージ」
　2003年11月　岐阜県多治見市
第11回　「街に文化の風を」
　2009年8月　大阪府池田市

フォーラムの論点

文化は財政に余裕のあるときのことか

　「右肩上がりの経済の時代は終わった。文化は財政に余裕のあるときのことだ」の言い方がある。総括討論はこれをどう考えるかで始まった。以下、論議の内容を総括して報告する。

　文化行政が始まった70年代もオイルショックで財政は窮迫していた。黒田知事は「文化」を基本政策に掲げて「都市の甦《よみがえ》り」を目指した。大阪府から始まった文化行政は、自治体自発の政策潮流となって全国に広がった。その大阪府が現在は「財政再建の名分」で文化予算を削減している。新自由主義の経済政策は、経済効率を優先し計量化できない文化を卑小とみる。

　林理事長が自治省在職中の所見として、「文化予算の効果」について論点を提起した。これに対して、「誰がいかなる基準で文化予算の効果を判定するのか」「文化予算の効果は計量できない」などの対論が相次いだ。宮本教授からその効果は「感性的連帯の高まり」で「計数化はできないものであろう」との助言がなされた。

　長い間、自治体は省庁政策に従って産業基盤の整備に財政を投じてきたので、生活環境は美しさと潤いを失った。「水の都」であった大阪は「ゲスの街」と評されるほどに下落した。文化行政の基本戦略は「都市の甦り」であった。金がないから知恵を出し、地域と行政のあり方を見詰め直した。文化1%システムが全国に広がり、公共建設事業に美観性と地域個性を導入する自治体独自の制度が開発された。関西では「文化アセスメント」の手法が行政施策に取り込まれた。文化アセスメントの実践例は武庫川の宝塚大橋であった。

「都市の格は文化である」が持論の木津川氏から、金をかけない市民文化活動が広範に広がっているとして、合唱、朗読、舞踊などの実例が紹介された。

兵庫県のピッコロシアター、水戸芸術館、吹田メイシアターのように水準の高い文化ホールが増えて、「行政が管理する営造物」から「市民文化の拠点」になっている実績が披露された。

全国各地で「文化が見えるまちづくり」もさまざまに展開されている。花と緑と彫刻のまちづくり、歴史的建造物の保存、歴史の連続性を喚起する地名の保存、商店街の魅力化、都市の修景美化、文化景観条例の制定、非日常の興奮と感動を楽しむ音楽祭や演劇祭、誇りの感情でわがまちを見つめる市民オペラ、美しい景観、潤いのある風景がつくり出されている。障碍《しょうがい》を突破して、それらを実現した実践と連帯も地域の文化である。

80年代に文化行政が提起した問題意識は、着実に浸透している。文化は財政に余裕のあるときのことだの言説は、現代社会の認識欠如を示すものであろう。

文化のまちづくりの主体

文化行政が始まったとき、行政が文化を政策課題とすることに強い「批判と疑念」が提起された。「行政が文化を安易に言い出すのは問題である。危険ですらある」との批判であった。

行政の本質は安定性と公平性である。文化は、常に現状変革であり創造であり異端でもある。行政と文化は本質的に相反する。

文化は自由な精神活動の営為であり所産であるから、何事も無難に大過なくの公務員が文化の問題で意味あることはできないであろう、との批判であった。

今の行政のままでは文化行政にならない。無難に大過なくの公務員では文化のまちづくりはできない。「地方公務員」から「自治体職員」への主体変革が不可欠である。そして、地域の人々も変わらなければ「住んで誇りに思えるまち」にならない。「目先利害の住民」から「公共性の意識で行動する市民」に自己革新しなくてはならぬ。「主体双方の自己革新した協力」を「協働」という国語辞典にはない言葉で表現したのである。「協働」という言葉を造語したのは、「文化行政に対する疑念と批判」に答えるためであった。

行政文化とは、長い歳月によって行政内に堆積した慣例・手続き・手順・流儀・作法である。公務員の職業倫理観も、住民を施策対象と考える住民観も行政文化である。それらは統治行政によって培養された「官の文化」である。

宮本教授から「今の行政では難しいと否定的に見ないで、成果を上げた公務員の可能性を見定めることが重要であろう」と、補足の発言がなされた。

意識の変革は、困難を覚悟して一歩前に出る実践によってもたらされる。第1分科会の主題は「主体の変革」であったのだが、その論議は深まらなかった。

文化景観の保存と再生

文化の問題で行政が担うべき主要な分野は、公共空間（生活環境）である。みどりの美しさ、屋外広告物の規制、電線の地中化、水辺風景の潤い、歴史的建造物の保存、街並みの修景などの「文化の見えるまち」は総合行政の手法が不可欠である。

これまでは産業活動の基盤整備のために、工業的都市開発で行政が文化景観を破壊してきたのである。文化の見えるまちづくりはその自省から始めなくてはなるまい。「主体の自己革新」が不可欠である。主体の自己革新とは「住民」が「市民」へと成熟し、「地方公務員」が「自治体職員」に自己を変革することである。

自己革新した「市民と自治体職員」が信頼関係を築き協働することによって、文化景観の保存・再生が実現する。優れた成果を上げている地域には、市民と自治体職員の「信頼関係」が築かれ協働が行われている。第2分科会では吹田市、池田市などの実際例がスライドで報告され、文化景観の保存には市民との協働が不可欠であることが確認された。

文化の民間委託

文化施設や文化事業の目的は市民の感性を豊かにすることにある。それは金額では算定できない「市民文化の公共性」である。

文化施設の運営・管理を民間企業に委託すれば、不採算部門は縮小廃止になり料金値上げに至るであろう。文化、教育、福祉などの行政分野は公共が担うべき事柄である。

公務員の非効率を批判し「官から民へ」を声高に叫んだ「新自由主義の欠陥」は、随所に露呈しているのである。公務員行政の非効率は別途に解決策を考えるべき重要課題である。その解決の道筋は、徹底的な情報公開と市民参画であろう。

自治法を改正して「公の施設」を民間委託に供したのは行政経費節減のためである。それは、「公共施設の公共性の放棄」である。

今はまだ「指定管理者制度の評価」を一義的に断定することはできないが、民間企業に公共性を重視した「事業企画や施設運営」を期待することはできないであろう。そしてまた、民間企業に管理委託すれば情報開示を求めることも困難になる。行政側の担当者が人事異動で交代して当初契約時の約束事項が不分明になるのは、受託企業にとっても利用する市民にとっても困惑することになる。第3分科会では、以上のような問題点が提出され論議された。市民自治的な文化財団が文化会館を受託し成果を上げている実例も報告された。

フォーラムで講演する森氏

今こそ文化である

現代社会は科学技術が発達し、生産性と利便性は高い。だが、ダイオキシンや食品添加物や環境ホルモンや地球温暖化などの深刻な問題が次々と発生する。

過密地域と過疎地域に分極化し、少子化と老齢化が同時進行し神経症に悩む人が増大する。情報技術が発達して人間関係が希薄になるからであろう。

工業文明は物の豊富さと利便性をもたらすが、人間的な生活と生活環境を消失させる。その消失に気づきそれを甦らせる営為が文化の営みである。

楽しみ感動する芸能や芸術も、人間生活に不可欠な文化である。だが、芸能や芸術だけが文化の営みではない。自治体の文化戦略はArtだけではない。Cultureである。自治体の文化戦略とは「文化の見えるまちづくり」である。

文化は価値と技術の体系であるから、地域文化の創造には技術開発が不可欠である。ここで技術開発とは制度や装置や手続きの創出である。行政内に根強く存続する既成観念と前例踏襲を打破するには、価値観念の転換が必要である。

従って、文化戦略には理念・哲学が重要になる。文行政は80年代に全国に広がり定着した。「画一的な都市開発の歪《ひずみ》」と「経済偏重政策への反省」が人々の共通認識になったから、「文化が政策潮流」になったのである。働きづくめで人間らしい感性を癒す場がなくなり索漠とした地域社会になったから、「地域文化が主題」になったのである。

そして現在は、工業技術が一段と発達し前例のない公共課題が続出し、地球の存続すらも危機に瀕《ひん》している。今ほどライフスタイルの転換が必要なときはない。転換の価値軸は文化である。中央政府も自治体政府も、今こそ「文化の見えるまち」の創出である。

「まちを文化的に変容させる」には、行政システムの転換が不可欠である。行政システムの転換とは、既成の考え方を見直すことである。

例えば、市民・文化団体と文化ホールの関係を転換することである。

これまでの「文化ホールと文化団体との関係」は、「使用を許可し、許可される関係」であった。行政法学がその理論を提供してきた。

行政法学では、文化ホールは「行政財産」である。市民・文化団体は行政が定めた申請手続きによって使用許可を受ける。行政が主体で市民は客体である。

行政法学の理論には「主体としての市民」の観念が存在しない。行政は法の執行であり行政法は国家の統治法であるから、「市民参加」を理論構成できない。

行政法学者も行政職員も「市民参加」を口にする。口にするけれども、「市民参加」の「意味」は曖昧である。既成の行政法学理論では「市民」も「市民参加」も明晰《めいせき》に概念定義ができない。概念定義ができないのは、行政執行を国家の統治作用であると考えるからである。

「協働」の言葉も使う。けれども、行政法学では「市民と行政の協働関係」を理論構成することができない。市民の立場で実践した体験がないから「協働」を理論化できない。言葉として曖昧《あいまい》に述べるだけである。

市民活動の実践体験を有する行政法学者は存在する。だが、自身の実践を理論化するには規範概念が不可欠である。規範概念で構成した実践理論は、行政法学の学会で異端の学説のごとくに扱われるであろう。

市民の実践が文化ホールを「行政が管理する建物」から「市民と文化団体の拠点」へと転換してまちを変容させるのである。文化ホールを「まちづくりの拠点にする」という意味は、文化ホールの運営を「市民と文化団体とホールの職員」が協働して行うということである。協働には主体双方の信頼関係が不可欠である。

文化行政が始まった70年代のとき、文化行政を「住んでいることが誇りに思える地域をつくる市民と行政の協働の営み」と定義した。この定義は今まさに正当である。

◇　◇

第11回「文化の見えるまちづくりフォーラム」の2日間の詳細記録（DVD）は、このフォーラムの事務局・池田市文化会館で頒布を検討中である。〒563—0031　大阪府池田市天神1—7—1（mail：info@azaleanet.or.jp　Tel：072—61—8811　Fax：072—761—1987）

文部省社会教育審議会

・1987年10月、教育委員会事務局から「文化行政の話を社会教育審議会でして貰いたい」と文部省から依頼がきたので「文部省に行ってもらえないか」と電話がきた。文部省は 家永三郎教授の教科書裁判のように、教科書を検定（検閲）して「日本がアジアで何をしたか」を生徒に教えない。明治維新のところで授業が終わるように「学習指導要領で」させている。だから、日本の人々は「自分の国の歴史」を哀れなほど知らない。「文部省にはいきたくない」と断った。

・ところが、幾度も教育庁総務課から「文部省に行って貰いたい」と頼まれた。神奈川県教育庁は文部省から言われると嫌と言えないのである。気がすすまないが文部省に出かけた。文部省の玄関を入るとき、ここが「不正反動教育行政の元締め」なんだ、と思った。

・文部省社会教育審議会の審議委員の方々が座していた。

依頼されたのは「自治体の文化行政」である。（当日のレジュメは左記）
・工業的都市開発で「地域の魅力」が失われた、文化行政はその「取り戻し」です。
・自治体の文化行政は自治体それぞれが工夫して展開するものです。
・国の省庁が通達で自治体を指図するのはとてもよくない。
・文部省の社会教育行政は「行政が市民を指導教育するやり方」だと思う。
・多様に広がった市民文化活動は、もはや社会教育行政の対象ではない。
とズバリ話した。
・数日後、愉快な（オモシロイ）話を聴いた。
その話は（少し自慢めくので）ここでは省略する。（機会あれば話してもよいと思っている）

［当日のレジュメ］（1987.10.23）
〔1〕文化行政の現状況
事業内容を列挙
〔2〕自治体文化行政の系譜
・ＮＩＲＡ（ＣＤＩレポート）
・文化ディスチャージ論

・大阪文化振興研究会（二冊の本）
・全国文化行政会議、
・全国文化行政シンポジュウム、
〔3〕文化行政とは何か
・行政の文化化－
（行政が為すべきこと）
・市民文化活動－「文化活動」の広がり
（行政がしてはならないこと）
・文化の見えるまちづくり
〔4〕問題点
・公立文化ホールをめぐる問題
・いまこそ「文化」―心のゆとり、うるおい
・国政が為すべきこと。

【文化行政の著作】

左記は、文化行政の実践で論議し考えたことを文章にしたものである。

・『文化行政読本』月刊・職員研修（臨時増刊号）（1954年）共著
・『文化行政―行政の自己革新』松下圭一・森啓編著 学陽書房（1981年）
・『文化行政とまちづくり』田村明・森啓編著 時事通信社（1983年）
・『市民文化と文化行政』森啓編著 学陽書房（1988年）
・『文化ホールがまちをつくる』森啓著 学陽書房（1991年）
・『水戸芸術館の実験』森啓・横須賀徹共著 公人の友社（1992年）
・『文化の見えるまち』森啓著 公人の友社（2009年）

4　神奈川県情報公開条例

ことの始まり

長洲一二知事は１９７５年の就任直後から「県政への県民参加」を唱え、職員にも政策提案を幾度となく呼びかけた。これに応えて県民部は「県政参加の方策を考えるプロジェクトチーム」を設けた。増田次長をキャップに県民部の室課からメンバーが選ばれ、筆者も文化室からチーム員として加わった。

七ヶ月の論議を経て三つの制度が報告書に書き込まれた。

・県政情報の公開と提供の条例

・県政参加の県民会議の設置
・県行政への苦情手続の制度
県民部長は具体的な制度提案であることに困惑した。
報告書は「「部外秘扱い」になった。
議会の了解納得が得られないと思ったからであろう、

事態の転回

・このころの長洲知事は県政革新に「やる気」があった。
知事室の隣に「調査室」をつくり、「調査担当参事」の職名で外部から久保孝雄さんを知事特命として入れていた。その調査室に「県民部でプロジェクト報告書が部外秘になった」と伝わった。
・知事が部長会議の席上で、県民部長に「県民部ではプロジェクトチームの報告書が纏まったようですね」と言った。「ハイそうです」と答えざるを得ない。

「今日の午後、時間を空けますから、チームリーダーに説明に来るように伝えてください」と言った。（以下は増田次長から聞いた話）

・増田さんは一人で知事室に行くことを懸念した。部内扱いになった報告書である。県民部担当の湯沢副知事に相談した。県民部長も一緒に行くことになった。知事室で説明すると、「増田君、提案は三つだが、最初にやるのはどれですか」と訊かれたので、「県民に県政参加を呼びかけるのなら県政情報の公開をしなくてはなりません。情報公開条例が一番目だと思います」と答えた。「そうだね、良い報告書です。ご苦労様でした」と言ってくれた、と増田さんから聞いた。

定例記者会見で発表

・長洲知事は翌日の定例記者会見で「県政情報の公開条例を制定します」と発表した。新聞は「神奈川県が情報公開条例の制定に着手」と一面トップの七段見出しで一斉に報道した。矢は弦を放れた。もはや引き返すことは出来ない。

・県庁内の幹部は新聞を見て驚いた。霞ヶ関の省庁官僚も驚いた。事件であった。東京の隣の神奈川県が「公文書を公開する条例」を制定するというのである。驚愕が霞ヶ関を駆け巡ったであろう。
後藤田内閣官房長官が「機関委任事務は国がお願いした仕事ありますから、自治体の判断で文書公開するのは如何なものか」とテレビで語っていた。

神奈川県の地理的有利性で、著名な学識者による条例案策定委員会が設けられた。

匿名座談会

・全国の革新首長は、「お上の統治行政」から「市民の自治行政」への転換を目ざしていたので、神奈川県の情報公開条例の策定を、固唾を呑んで見守った。
革新市長会は「地方自治通信」という月刊の政策情報誌を刊行して市販していた。

編集長の大矢野修さんが「神奈川県の情報公開条例案を考える」という匿名座談会を企画した。そこに筆者も参加した。

県職員でありながら参加したのは、検討中の条例案を「欠陥条例」だと思っていたからである。

・欠陥の第一は、原則公開を掲げながら、「公開しなくてもよい公文書」を抽象文言で列挙し、その文言解釈を行政職員（所管の所属長）が行うことにして、非開示に不服があれば、開示請求者が「審査委員会に申立てる」という制度手続にしたことである。これでは、行政の判断で「見せたくない文書」を「非公開にして時間稼ぎ」ができることになる。

・欠陥の第二は、市民の開示請求権を「意図的に妨害する行政職員」を抑止する規定を定めていない。すなわち「請求された表題の文書は見当たりません」などと言って、公開に伴う上司の困惑を「庇う職員」の出現を抑止しない条例である。すなわち、「故意または重大な過失」で、県民の開示請求を「妨げた行政職員の行為」を罰する規定を欠いていた。

・神奈川県の公開条例は全国自治体の先例になる。欠陥条例であってはならないと思って匿名座談会に出席した。

・神奈川県庁内で条例案の検討中に「神奈川県の情報公開条例を考える」を掲載した月刊誌「地

方自治通信」が書店に並んだ。県民部幹部は県の職員が参加しているのでは、と神経を苛立たせた。

神奈川新聞のスクープ報道

・条例案の検討が最終段階に入ったところ、神奈川新聞に「条例案の全文」が掲載された。すっぱ抜き報道である。（その経緯をここに記しておく）

・ある日、顔見知りの神奈川新聞の松本記者が文化室にやって来て「検討中の条例案の内容が皆目分からない」「これでは県民は蚊帳の外だ」と呟いた。筆者は「検討案はこれだよなぁー」と呟いて机上に置いてあった資料を眺めた。M記者は「いいですか」と目顔で訊く。「いいよ」と言ったわけではないが、「ちょっとトイレに行って来る」と呟いて席を立った。

・後日に聞いたことであるが、神奈川新聞の編集責任者が掲載前日に県民部幹部と対面して、「これを報道するが、事実と異なる部分はあるか」と質した（裏をとった）とのことであった。

検討案全文が神奈川新聞で報道されて県民部幹部はまたもや神経を苛立たせた。

5　ジュリスト論文顛末記

［有斐閣から原稿執筆依頼］

１９８０年10月、有斐閣編集部から「ジュリスト総合特集」への原稿執筆の依頼がきた。「月刊・ジュリスト」は「法律専門誌」である。法学部出身の筆者には悪い気はしない。依頼されたテーマは「首長・議会・職員の相互関係」であった。

年末年始の休みを使って執筆した。

御用始めの１月４日の夕刻、新橋駅前の郵便ポストに投函した。

そのときの「ポトリ」の音を妙に憶えている。一心に集中して執筆したからであろう。

［議会本会議で批判される］
ジュリスト総合特集（22号）が刊行されて3カ月が経過した1981年4月2日、議会本会議で自民党議員が「県職員が議会を批判している」と知事に批判の質疑をした。本会議で、「職員を名指して批判する」のは異例のことである。
・長洲知事は「遺憾である」と答弁した。その直後、ドヤドヤと数人の記者がやって来て筆者の座席を取り囲み、「知事は陳謝した、執筆した君はどう思うか」と意見を求められた。「何も申しあげることはありません」と答えた。記者は「なんだ、それじゃ記事にならん」と引き上げて行った。

［翌日の新聞］
新聞各紙は大きな見出しで一斉に報道した。
［朝日］　県幹部職員・雑誌に県政批判論文―「無責任」と議会がヤリ玉―
［読売］　職員の論文で物議「大人げ」ないの声も出て
　役職者は「ことなかれ」「50歳以上無気力」
［サンケイ］　県幹部の「県議批判論文騒動」正論？

議員はカンカン—長洲知事あっさり『遺憾でした』

［毎日］　議員を痛烈に批判　—中堅県職員の論文に論議—

［東京］　県幹部が 県議会を「無気力、無能」と批判—議会の追及に知事陳謝—

［神奈川］　「知事の陳謝　庁内に不満も— 県職員論文問題で—

県民から、「議会」と「知事」に抗議電話が殺到した。

筆者には「新年茶会の初釜に招待したい」などの激励電話が届いた。

・神奈川新聞の渡辺デスクが、横浜市の飛鳥田市長はこのようなときには職員を庇うが、長洲知事は遺憾ですと陳謝したと、論評を書いた。

・朝日新聞は全国版に、弁護士の投稿「公務員の表現の自由確保を—議員活動に名を借りた介入を防げ」を掲載した。

・朝日新聞・神奈川地方版は、「人・ひと」欄に「筆者のインタビュー」を写真入りで掲載した。

・小林直樹（東大教授）は「自治体職員の言論の自由」のタイトルで、「地方の時代」という標語の発案者として先駆的な自治行政を推進している長洲知事さえも、「陳謝」と弁明」に終始したらしい。県民からすれば、知事の陳謝こそが、「誠に遺憾」と言うべき事態であろうと評した。（ジュリスト・1981-12-1号）

それらの後日、長洲知事が「森君には今後も頑張って貫いたいと思っている」と部長会議で異例の発言をした、と幹部の方から教えられた。

だが、壁新聞を庁舎の洗面所に貼り、自由民権大会に会場を提供し、情報公開条例案の検討中に座談会に出た（に違いない）など、庁内の作法に反し上司に従順でない職員への高瀬県民部長の怒りは「知事の発言」では治まらなかった。

［県民部長室に森文庫］

・暫くして、県民部長室の書棚に、筆者がこれまでに執筆した「書物」と「掲載雑誌」が収集されていた。それは、「総務室職員が総がかりで、地方公務員違反の文章表現を探した」ものであった、と部長応接の女子職員がこっそり教えてくれた。（かく記述しても、40年が経過しているので迷惑にはならないであろう）

・知事が庇おうとも、筆者の首を「地方公務員法違反」として、議会多数会派に差し出すためであった。（そのとき撮影した県民部長室書棚の「森文庫」の写真は今も手元にある）

それからの二年間、県民部総括企画主幹の座席に座すだけの毎日であった。何もすることがないので、『文化行政とまちづくり』を（田村明さんと共編著で）時事通信社から刊行した

（1983年3月1日刊行）。

1983年5月、人事異動で「自治総合研究センター研究部長」に赴任した。新たな職場は座席から横浜港と氷川丸が眺望できた。まことに快適な気分であった。

6　自治総合研究センター

新たな仕事

・新たな仕事は、県職員の「政策研究」を盛んにすることである。盛んにするには「政策研究とは何か」を明晰にしなくてはならない。

ところが、そのころの自治体には「政策」の用語は無かった。使われていたのは「事務事業」であった。「政策研究」ではなくて「調査研究」であった。「政策」は中央省庁の言葉だと思っていたのである。省庁が策定して補助金つきで通達してくる業務を執行するのが自治体の仕事だと思っていたからである。府県は中央省庁の下請け執行団体になっていた。

・「自治体の政策自立」が不可欠必要だと思った。

「政策自立」は自治大学校で内務官僚の座談会記録を読んだとき以来の決心である。

「政策研究」の言葉

・自治体職員が政策能力を高めるには「政策研究」の言葉に慣れなくてはならない。

「政策研究の言葉」を自治体内に広げることを考えた。

そこで、自治体職員を読者対象にしていた複数の月刊誌の編集長に電話をした。

「自治体に政策研究の波が起きています」「特集されては如何ですか」「誌面企画に協力します」と提案した。

・月刊『晨』１９８４年9月号の「特集・政策研究へのプロローグ」は、日本で最初の「自治体政策研究の特集」であった。

・巻頭対談「政策研究の意味と可能性」・（松下圭一 vs 田村明）

・自治体の政策研究の現状と課題　　森　啓

・動き出した政策研究への大きな流れ　五十嵐富秀（朝日新聞記者）
続いて、月刊『職員研修』も「自治体職員の政策研究」を特集した。

自治大学校で講演

・「政策研究」が「旬の言葉」になり、自治大学校から「自治体の政策研究」の講演を依頼された。都道府県の研修所長が集まっていた。次のような話をした。
神奈川県では、「公務研修所」を「自治総合研究センター」に改組して「研究部」を設けました。「職員の政策能力」を高めるには「政策研究」が必要であると考えたからです。政策研究が研修所の重要な役割になっていると思います、と話した。

・そして自治大学校の教務担当に、「政策研究の全国動向を調査されては如何ですか」と提案した。自治大学校から「政策研究の実態調査用紙」が届けば、回答を求められた自治体は「政策研究」が時代の潮流になっているのだと思うであろう。政策研究の言葉を広めるためである。

挿話

「エピソード」を一つ

・1987年、徳島で第一回自治体学会を開催したときのことである。その帰途、徳島空港で人事院の研修担当の方から聲をかけられた。
「私は最近、府県の研修所から政策研究の話をよく頼まれます。だが、地方公務員がなぜ政策研究をするのかが分かりません。頼まれるから研修所には行きますが、何を話せばよいのか分からないので困っているのです。それで自治体学会に出てきたのですが、よく分からない。府県職員の研修に政策研究が必要なワケを教えて下さい」と言われた。

・そのとき、「ご説明しますので、その代わりと言うと何ですが、『研修』という言葉を人事院で最初に使った経緯を教えて下さい」と訊ねた。

・自治体職員の政策研究は「既成政策の事後的分析」ではない。

・「政策課題の発見」と「解決手法を考案する」研究開発の営みである。

なぜ「政策研究」の言葉にしたか

・一方では、行政学に「Policy Studies」つまり「特定政策の実証研究」の用語がある。「政策研究」では「特定政策の事後的な研究活動」の意味に受け取られる。事実としてそのころ、学者は「自治体の政策研究とは政策の調査研究のことである」と意味不明な説明を研修所で話していた。そして内心では、（公務員がなぜ政策研究をするのだろうか）と思っていた。国家学の学者には「自治体と地域に起きている政策自立の意味」が理解できないのである。

そして他方では、自治体で始まった「自主研究」や「政策課題研究」は、内容に即して言えば、「政策研究」よりも「政策開発」あるいは「政策提案活動」の言葉が正当であった。それをなぜ、「政策研究」の言葉にしたか。

「政策研究」の言葉には曖昧さが伴う。その曖昧さが大事であると考えたからである。

・その意味は次のとおりである。
科学技術が発達して、都市的生活様式が全般化して前例のない公共課題が次々と噴出した。自治体はこれらを「政策課題として設定」し「その解決方策を開発」しなければならない。ところが、自治体の部課長は省庁政策への従属が習い性になっている。展望的視界を失っている部課長には、前例なき公共課題を解決する政策を構想し立案することができない。しかしそれでは、省庁政策の下請団体から脱することはできない。

・参加とは「政策の立案・決定・実行・評価」に参画すること
新たな政策形成システムを自治体内に構築しなければならない。即ち、政策立案の前段階に、様々な主体による「課題発見」と「方策開発」の営為を位置づけて「政策の質を高める仕組」を自治体内に構築しなければならない。そしてその仕組みを部課長に納得（容認）させなければならない。だが、所管業務に政策提案される（外から言われる）ことを極度に嫌がるのが部課長である。簡単には納得しない。

・部課長が納得せざるを得ない状況をつくるには、様々な主体による「課題発見」と「方策開発」の実績を積み上げることである。政策研究の成果物を多様に蓄積することである。
そしてまた、自治体職員や市民が政策形成に関与する道筋を拓くことは、政策立案をラインの独占から解き放つことである。それは、所管セクショナリズムの枠を緩めることでもある。すなわち、「政策立案」の前段階に「政策研究」（実質は政策提案）の段階を位置づけることが、真正な意味での「職員参加」「市民参加」に繋がるのである。参加とは「政策の立案・決定・実行・評価」に参画することなのだから。

・しかしながら、当然それは容易なことではない。だが、それをやらなければ、自治体は政策主体になれない。前例なき公共課題を解決する政策形成システムが装備できなければ「地方政府」になれない。地方政府とは自前政策を立案し実行することである。だが、「政策開発」あるいは「政策提案」と言えば、部課長は一斉に嫌悪反発する。だから今は、曖昧な「政策研究」の言葉が良いと考えた。

・そこで、当分の間は「政策研究」なる「曖昧なことば」を使いながら、「課題発見」と「方策開発」の成果物を蓄積する作業を自治体内に慣行化することである。そうすることで、やがては、「政策研究」なる言葉が「明晰な概念」になり、「輝くイメージ」を有するに至るであろうと考えた。

かくして現在

「政策研究」の言葉は熟成して行政内文書の用語になり、著作や論文も多数刊行されて定着した。すなわち
行政学の政策研究は「特定政策の実証的分析的な事後的研究」である。
自治体の政策研究は「課題を設定し解決方策を考え出す創造的研究」である。
「政策研究」なる用語の選択は正解であったと思う。

・政策研究の広がり伴い、全国各地で独自のまちづくり政策が展開された。
仙台市公害市民憲章、川崎市建築協定条例、武蔵野市生活環境指標、京都市美観条例、横浜市日照指導要綱、町田市福祉まちづくり要綱、金沢都市美文化賞、盛岡市伝統建造物保存指定、釧路市幣舞橋四季像、旭川市買い物公園、北海道池田町ＣＡＴＶ、帯広市民の森。

１９７８年に「地方の時代シンポ」、79年に「全国文化行政シンポ」が開催された。

これは、自治体が政策自立をするための全国交流の仕掛けである。

自治体政策研究交流会議

・政策研究への関心が高まり全国各地から筆者の研究部にも視察が来るようになった。この関心の高まりを「自治体の政策潮流」にするため、政策研究の「全国交流会議の開催」を考えた。所長も賛成して準備が進んでいたころ、所長室に呼ばれた。

・名称を「自治体研究交流会議」にしてはどうかと言われた。「なぜですか」と訊くと、「地方公共団体が『政策』を言うのはどうだろうか」「神奈川県が偉そうなことを言っていることにもなるから」と言う。「長洲知事に得点させるな」の議会多数派への忖度である。

所長と研究部長の関係である。「ここで結論を出さないことにしなくては」と思った。「言われている意味は分かりますが、削ってしまうのもどうかと思います。考えてみます……」と言って署長室を出てきた。

・そして研究部の人たちに、「森研究部長は名称を変えると言っていたか」と、所長に訊かれたら、『知事に政策研究交流会議の名称が良いねと言われた』と言っていました、と答えるように頼んでおいた。
もとより知事と話した訳ではないが、そのようなときには、知事の名前をよく使ったものである（自治体職員が何か意味あることをしたいと思ったときには、「首長の意向である」と言うのがよい。選挙で出てきた首長は概ね現状変革を求めるものである。役所内で改革を遮るのは現状維持の管理職である。そして、部課長は首長に「本当にそう言ったのですか」とは確かめないのである）。

・「政策研究の言葉」を広めるための交流会議である。「政策」の言葉を削ることはできない。さりとて所長を無視することもできない。
そこで、横浜市企画財政局都市科学研究室、川崎市企画調査部、埼玉県県民部自治文化振興課に赴いて、「自治体政策研究交流会議」の共同開催を提案した。「経費負担は不要、当日主催者の席に座していただく」ことで賛同を得た。

共同開催であるから所長の一存で名称変更はできないことになった。

・こうして、全国への案内文書にも、当日のパンフレットにも「自治体政策研究交流会議」と印刷した。「第一回自治体政策研究交流会議」と書いた看板も出した。そして、会場入口に次の「メッセージ」を張り出した。

自治体に政策研究の波が高まっている。
この波は、自治体が自立的な政策主体になったことを示すものである。

戦後四十年、いまや「政策の質」が問われ、自治体では総合的な観点からの政策研究が必然になっている。

自治体は現代社会の難問に挑み問題解決をはかる現場であり、仕事を通して議論をたたかわせる論壇である。

自治体を舞台に「自治体学」の研究がすすみ、新しい理論が確立されることを

「時代」と「地域社会」が求めている。

参加者は立ち止まってこの「メッセージ」を読んでいた。カメラに写す人もいた。

・１９８４年10月18日、横浜港を眼下に眺望する神奈川県民ホール六階会議室で「第一回・自治体政策研究交流会議」を開催した。北海道から九州までの全国から、１４０団体・３５２人の自治体職員と市民と研究者が参加した。

この「政策研究交流会議」から「自治体学会」が誕生したのである。

（政策研究交流会議の詳細は時事通信社の「地方行政（84年11月10日号）」と「地方自治通信（85年2月号）」に掲載されている）

7　自治体学会設立

自治体学会設立の着想

・「自治体学会」は「政策研究交流会議」から生まれた。
政策研究交流会議は自治体職員が全国持ち回りで開催する「政策研究」の交流会議である。第一回は横浜で１９８４年10月18日に開催した。第二回は85年10月、浦和で開催した。いずれも全国各地から３５０人を超える自治体職員が参加した。
政策研究とは「既成政策の事後的分析」ではない。「政策課題の発見」と「解決手法を考案する」

研究開発の営みである。

この動向を敏感に洞察した自治体首長は「地域独自の政策づくり」を目指して首長直轄の「政策研究室（愛媛）」、「政策審議室（静岡）」を設置し、あるいは企画課に「政策研究班（福井）」を置き、あるいは、職員研修所を改組して「研究部（神奈川）」を新設した。

・しかしながら、明治百年来の「中央屈従の惰性」から抜け出ることは容易ではなかった。例えば、優れた研究成果が印刷され配布されても立案権を持つ課長は取り上げない。それどころか、首長のいないところで「若い職員が勝手な夢物語を描いている」と冷淡に言って職員の研究意欲を萎えさせた。

・職員からは「何のための研究であったのか」との不満も出た。だが人事課長や研修所長は「政策研究は職員の能力開発が目的である」と弁解説明をしていた。これが当時（１９８３年前後）の先進自治体の状況であった。
しかしこれでは「政策研究の波」は弱まり後退する。

・この状況を突き破らなくてはならない。全国交流会議を開催して「政策研究が時代の潮流になっている」ことを内外に鮮明に印象付けることである。

かくして、神奈川県自治総合研究センターが「自治体政策研究交流会議」の開催を企画した。「政策研究」を全国的な潮流にするためである。

・「地方公共団体」ではなく「自治体」

自治省出身の総務省の人たちは今でも「地方公共団体」と言っている。意識して「自治体」の言葉を使わない。使う言葉に「統治支配の思想」が潜んでいるのである。省庁の人たちは「自治体」が「政策能力を高める」ことを望んでいない。地方の「公共的な団体」「地方の公務員」のままでいさせたいのである。

すべからく、政治・行政の用語に無色中立な用語はない。言葉の使い方に価値観と利害が染み込むのである。「政策研究」の言葉も同様である。

二つの開催意図

・意図の一つは、「政策研究」の言葉が全国自治体に定着することを目指す。

自治体が政策主体になるには地域課題を政策化しなければならない。それには、「政策研究の言葉」を全国自治体に広げる必要がある。ところが、当時の自治体には「政策研究」の言葉を避ける風潮があった。さらには、研究成果の活用を意図的に重要視しない心理すらもあった。そしてまた、本庁の課長が所管業務に関する研究開発を忌避するから、研修所長は及び腰であった。

・そこで、全国会議の場で「政策研究が自治体自立の潮流になっている」との認識を、鮮明に印象付けることを目指した。そのために、当日の研究報告は「政策化された事例」を選りすぐった。

「柳川の水路復活」は広松伝さん。
「神奈川の韓国・朝鮮人」は横浜市職員の加藤勝彦さん。
「緑の回廊計画」は二十一世紀兵庫創造協会の福田丞志さん。
「都市の水循環」は墨田区職員の村瀬誠さん。
「防災都市のまちづくり」は国分寺市の小口進一さん。

・とりわけ、スライドによる「柳川掘割の復活」の報告に参加者は感動した（後日の話であるが、広松伝さんの「柳川掘割の復活」は、アニメ映画監督の高畑勲・宮崎駿両氏によって「柳川掘割物語」ＤＶＤ・ジブリ学術ライブラリーになっている）。

・「政策研究の波」が起きていることを内外にアピールするために、新聞記者の方々に取材してもらう配慮もした。かくして、「自治体の政策研究」は新聞記事になり雑誌の特集にもなって伝播した。

〔自治体学会設立の動議〕

・開催意図の二つ目は、全国各地から集まってきた人々に「自治体学会の設立可能性」を提起することであった。

職員の研究だけでは自治体に「政策自立の潮流」をつくり出すのは難しい。職員と市民と研究者の「協働」が必要である。「実践と理論の出会いの場」が必要である。「政策研究交流会議」とは別に「自治体学の学会のようなもの」が必要であると考えた。

そこで、二つの提案を動議形式で提出した。

一つは「この交流会議を毎年全国持ち回りで開催しようではないか」。

二つは「自治体学会を設立するために準備委員会を設置しようではないか」。

（以下、個人名を記すことを了とされたい）

・東京江戸川区の田口正巳さんは江戸川区の自主研究活動のリーダーであった。田口さんに、「緊急動議的に『今日のこの交流会議は有益だから、二回、三回と続けるようにするのが良い』と提案すること」を依頼した。三鷹市の大島振作さんに、筆者と大島さんは大学時代からの知り合いで同じ寮にいたこともあるので、「貴方は職員組合の委員長をしていたので大勢の前で話すのに馴れているから、『この政策研究交流会議を自治体職員だけの会議にしないで、ここにいらっしゃる先生方にも入っていただいて、自治体学会というようなものをつくる、その準備会議をこの場で設立しようではないか』と発言してよ」と依頼した。

・前者の「継続開催の提案」は「全国持ち回りで開催する」ことを確認して、次回は埼玉で開くことが決まった。後者の「学会設立の提案」は、353人の参会者全員が、宿題として持ち帰り地域と職場で「学会設立の意義と可能性」の論議を起こし、その結論を次回埼玉会議に持ち寄ることを約定した。

このような経緯で「政策研究交流会議」から「自治体学会」が誕生するに至ったのである。（この交流会議の詳細は時事通信社の「地方行政（84年11月10日号）」と「地方自治通信（85年2月号）」に詳しく掲載されている）

埼玉会議の「前夜」

・埼玉の政策研究交流会議の場で「自治体学会設立の賛同」を得るにはどのような運び方をするのがよいか、それが次の課題であった。

そのころ、自治体学会の設立発起人をめぐって、神奈川県庁内に（知事周辺との間で）意見の齟齬が起きていた。側近の方は「知事と高名な学者」が学会設立の発起人になるべきだ、であった。だが、自治体職員や若い学者はそれに不賛成であった。筆者も自治体に「自治体学の潮流」が起きるには「新鮮な胎動を予感させるもの」が必要だと考えていた。自治体学会は「高名な学者が呼び掛けて」設立するものではないと考えた。

そのころ、次のようなことがあった。

（当時の雰囲気を伝えるために会話調で再現する）

・所長から「本庁の総務部長室に行くように」と言われた。「学会設立準備会」の立ち上げを協議する「第二回埼玉会議」の直前であった。総務部長室に入ると、部長が顔を近付けてきて、「森君、自治体学会だけどね—」と言った。

「何を言いたいのか」はすぐ分かったので、「公務員が学会などと言っても簡単なことではないと思っております」と答えた。

・総務部長は目を覗き込むように顔を近付けて「そうだよな」と。
それは、職員の人事権を握っている総務部長の顔であった。「勝手に派手なことはするなよ」「分かっているな」という眼光であった。自治体学会の旗揚げを抑える顔であった。

・部長室のドアを開いて廊下に出たとき、「そんな脅しで自治体の政策自立の流れを止められてたまるか」「あなたとは志が違うのだ」と呟いたことを想い起こす。決して「格好を付けて」述べているのではない。

このころ小学生であった人々が自治体職員として活躍しているという時間の経過である。当時の緊張感を記しておきたいからである。

いつの時代にも、現状維持でない変革を試みれば、必ず「しっぺ返し、嫉妬と陰口、足ひっぱり、左遷」が伴うものである。「その覚悟が必要である」と言っておきたいから記述しているのである。

・「埼玉会議に森を出張させない」と「知事側近の人」が言っている、というのも耳に入ってきた。そこで、埼玉会議の前夜、東京都内の大きなホテルのロビーで、多摩地域の研究会の人々と綿密に進行を打ち合わせた。協議しているどの顔にも「時代の波」を引き起こそうとする輝きが漲（みなぎ）っていた。

設立準備委員会の発足

・1985年10月17日と18日、浦和で開催した第二回政策研究交流会議は前回にも増して盛会であった。畑知事は歓迎挨拶で、にこやかに「自治体学会設立への期待」を語った。

第一日目の日程が終わった後、別室で「自治体学会設立についての協議の場」を設けた。「代表委員に田村さんと塩見さんを選び、この場にいる75人の全員が設立準備委員になる」「設立事務局は当分の間、神奈川県自治総合研究センター研究部が担当する」ことを決めた。その協議の場で目黒区職員の桑原美知子さんが「自治体学会設立への期待」を「私は今日のこのために来ているのです」と「喜びが匂い立つかのように」瞳を輝かして語ったのが印象的であった。

協議の進行役を務めた筆者が翌日の全体会議に報告した。万雷の拍手で賛同された。翌19日（１９８５年10月）の朝日新聞は全国版（二面）に「自治体職員が学会設立準備会を結成」と三段見出しで報道した。記事を書いたのは第一回交流会議から取材を続けていた朝日新聞地域問題総合取材班の寺田記者であった。

こうして、全国の自治体職員に鮮烈なイメージで「学会設立のメッセージ」が届いたのである。（埼玉会議の詳細は時事通信社の「地方行政（85年11月9日号）」と「地方自治通信（86年2月号）」に掲載されている）

「全国行脚」

・次の問題は「自治体学とは何か」である。

「政策研究交流会議」はそれなりに理解できるが「自治体学の学会」は「よく分からない」というのが当時の多くの疑問であった。

そこで、神奈川県自治総合研究センター研究部は「自治体学とは何か」の試論づくりに専念し「自治体学に関する研究」（Ｂ４判１４１ページ）をまとめた。

・1985年の真夏、研究部員はこの「冊子」を携え、分担して全国各地に学会設立を呼び掛ける「全国行脚」に出かけた。それは第一回交流会議開催事務局の責務を果たすためである。「熱い期待」に迎えられた。「冷ややかな反応」もあった。全国行脚によって５００人を超える人々が自治体学会加入の意思を表明した。

神戸・自治体学フォーラム

・関東だけの動きでは全国展開にならない。全国的な「自治体学会設立の機運」をつくり出さなくてはならない。直ちに「日本列島縦断・自治体学連続フォーラム」のイメージが浮かび上がった。

（以下、具体叙述のために個人名を出すことを了とされたい）。

・関西で「自治体学・フォーラム」を開催しようと考えた。研究部主幹の森田徳さんと二人で大阪に出かけた（森田さんは現在横浜市中区海岸通りで行政書士の事務所を開業している）。自治体関係の方々に大阪東急ホテルに集まっていただいた。だが、顔を見合わせて「大阪府庁や大阪市がどう思うか」「自治労がどう言うだろうか」の発言ばかりであった。「フォーラムを開催しよう」との決断発言が出てこない。

やむを得ず、翌日、神戸市役所収入役の安好匠さんに相談した。「神戸市が表面に出ると兵庫県が後ろに下がるので」背後から応援するとの確約を得た。そこで、第一回政策研究交流会議の報告者であった「21世紀ひょうご創造協会」の福田丞志さんに相談して、同行していただき兵庫県企画部に「自治体学フォーラム開催」の協力を依頼した。

・こうして、1986年2月12日、「神戸自治体学フォーラム」が開催できた。会場は兵庫県農業会館。主催は「関西活性化研究会・21世紀ひょうご創造協会・神戸都市問題研究所・滋賀市民と自治研究センター、そして自治体学会設立準備委員会」であった。北海道から沖縄までの253人が参集した。会場発言は熱気に満ち確かな手応えがあった。

この「神戸フォーラム」の詳細は「地方自治職員研修」86年2月号に特集されている。

その会場内で全国準備委員会を開催した。

会場内で開いた準備委員会の論点

名称・「自治体学会」よりも「まちづくり学会」または「自治体政策学会」ではどうか。

会費・年三〇〇〇円では財政独立がむずかしい。考え直すべきだ。

組織・既存の組織や団体を統合するのではなくて、グループや団体の活動をつなぐ組織を目指そう。

事業・事務局が事業を請け負うのではなくて、会員の地域活動が基本である。

活動・準備委員が核になって各地で「自治体学フォーラム」を開催しよう。

東京自治体学フォーラム

・1986年4月19日、東京・府中市自治会館ホールで「東京自治体学フォーラム」が開催された。参加者は315人、市民と学者の参加が際立って多かった。

このフォーラムで「自治体学会のイメージ」が見えてきた。すなわち、市民・学者・自治体職員の三者が一体となって地域課題を解明する「実践と理論の自治体学」のイメージが論議の中に現出していた。

戦後、自治体革新のメッカであり続けた多摩だからである

（この概要は新三多摩新聞、４月26日号に報じられている）。

・１９８６年５月10日、仙台で「東北自治体学フォーラム」が、気仙沼で「まちづくり自治体学会フォーラム」が開かれた。沖縄でも、九州でも、中国でも、四国でも、北海道にも自治体学フォーラムが開催された。

日本列島に「自治体学会の設立」が「自治のうねり」を起こし始めたのである。

「自治労」と「全国自治体問題研究所」

・「自治労」の「自治研究全国集会」には歴史がある。自治体学会の主要会員は自治体職員であるから、自治労から自治体学会設立に異論が出ると現場で混乱が生じる。

神奈川県自治総合研究センター研究部は学会設立事務局であるから、研究部長は事務局長のようなものである。自治労本部に出掛けた。

小倉政策局長にお会いして「自治体学会が目指す方向」を話した。「分かりました。設立発起人として丸山委員長が参加します」になった。

・「全国自治体問題研究所」も歴史と実績のある組織である。

１９８５年９月27日の午後、代表をなさっていた宮本憲一先生に鎌倉でお会いして設立発起人になっていただいた。

代表運営委員

・設立発起人代表を三人の複数制にすることは合意されていたのだが、三人の名前が決まるまでは難儀な経過であった。

１９８５年10月11日の夕刻、横浜駅ビル内の東急ホテル会議室で「埼玉会議に向けての打ち合わせ」の会合を開いた。その会合で「埼玉で学会設立の協議のとき、自治体職員の経験もあり横浜市の都市デザインで全国的に著名な田村明さんを代表委員として提案してはどうか」と発言した。

ところが、所長は知事側近の意向を汲んでか沈黙したままである。賛成と言わない。その場にいた田村さんも鳴海正泰さんも沈黙であった。重苦しい空気のままにその会合をオワリにした。

それまで進めてきた「段取り」は崩れそうであった。その収拾劇のことはここに述べないが曲折の難儀であった。

代表委員が決まるまでには松下圭一さんにずいぶん何度もお世話になった。

・自治体学会は自治体職員・市民・研究者の連携である。多摩の研究会の方々の努力もあって、自治体職員の代表として田村明さん、市民代表として関西地域から日経新聞の塩見譲さん、学者・研究者代表として西尾勝さんがご承諾なさって決まった。

塩見さんに承諾をいただいたのは、松下さんも助言者として参加した「首都圏自主研究グループ」の熱海合宿の翌日であった。「地方自治通信」の大矢野修さんと塩見さんとの三人でMOA熱海美術館の庭園で夕陽を眺めながらの語らいであった。

自治体学会の誕生

・１９８６年5月23日、二年がかりで準備を進めてきた「自治体学会」が誕生した。近代日本の夜明けを象徴する横浜開港記念会館で「発起人会議」と「設立総会」を開いた。発起人会議には１３５人、設立総会には６２０人が出席した。

出席者の顔触れは、自治体職員、市民、学者、シンクタンク職員、コンサルタント、ジャーナリスト、団体役員、自治体首長など、およそ学会の設立総会とは思えないほどに多彩な顔触れであった。いずれの顔も二年がかりで進めてきた自治体学会の設立を喜びあう和やかさに満ちていた。

会場のあちこちで初対面の人を相互に紹介し合い、テレビのライトに照らされた会場正面には「自治の歴史に新しい1ページを」と書かれた看板が掲げられていた。

・前例のない新しい学会の設立総会にふさわしく、会場は活気に満ち華やかで緊張した空気に包まれていた。満席の参会者はこの開港メモリアルホールでこれまでにも数々の歴史的な集会が開かれたことを思い起こしていたであろう。

議長に佐藤驍氏（北海道庁）を選出し、前日の発起人会議からの提出議案が万雷の拍手で賛同されて「自治体学会」が誕生した。

・総会に報告された会員は1243人（発起人782人、既入会申込者461人）を数え、規約に基づき選出された運営委員は46人（自治体職員29人、学者・研究者・市民17人）。代表運営委員に田村明、塩見譲、西尾勝の三氏を選出した。多数の人が発起人になって自治体学会を設立したのである。

・しかしながら、「自治体学会を設立する意味は何か」「具体的に何をするのか」、自治体学会の「役割は何か」「課題は何か」と問うならば、その答えは「各人各様で一義的に定まったものはない」というのが設立当時の実情であった。

自治体学会は多数の方々の「思念と行動」によって設立されたのである。

以上の「設立経緯」は、当時、神奈川県自治総合研究センター・研究部長であった筆者が関与したかぎりでの経緯である。

氷川丸船上の設立記念パーティ

・開港記念会館での「設立総会」は大成功であった。
夕刻、横浜港の氷川丸船上でお祝いの「ビールパーティ」を開いた。

折しも、金色の満月が東天に昇り、西空には夕陽が朱色に輝いていた。

何とも言えない美しさであった。

多くの方々が力を合わせたから自治体学会が設立できたのである。

全国各地で自主的研究活動が広がっていたからでもある。そしてまた「自治体は市民自治の機構である」との「自治体理論」が浸透していたからである。

朝日新聞１９８６年６月５日の「天声人語」は、自治体職員が中心になって「市民的視野に立ち、地域に根ざした研究・交流を目指す学会」を設立したと評して紹介した。

設立して35年が経過した自治体学会の現状

［第35回自治体学会研究大会］は、２０２１年８月21日（土）、22日（日）、10月９日（土）の三日間、10分科会でZoomを使用してのＷＥＢ大会として開催された。

・筆者が自治体学会設立への覚悟を定めたのは、１９８４年の真夏の夕刻、渋谷駅の近くで松下圭一さん鳴海正泰さんと三人で「自治体学会の可能性」を語り合った時であった。渋谷でのこの語らいが実質的な「自治体学会のスタート」であったと思っている。その後もお二人には折に触れ相談し助言をいただいた。

また、「壁」にひるまなかったのは、法律専門雑誌「ジュリスト」に書いた論文が、82年に県議会本会議で自民党議員に批判されて、83年に「本庁課長見習職の総括企画主幹」から「自治総合研究センター研究部長」へ異動になったことが「内なるバネ」になったのだと思っている。

１９９３年２月25日、北海道大学学長から長洲神奈川県知事宛てに「筆者割愛の依頼文書」が届き、４月１日、北海道大学法学部教授に赴任した。

Ⅲ　北海道での25年（1993—2018）

・1993年4月1日、北海道大学法学部教授に赴任した。思いもかけずの転変であった。担当科目は公共政策論。神奈川県庁時代に8年間（1985-1993）、神奈川大学で非常勤講師として地方自治論を講義していたので、北大の講義にさして苦労はなかった。

・北海道大学の前身は札幌農学校であったから、農場もあって広大である。自転車を購入して毎日のように大学内を散策した。10月の銀杏並木は実に見事であった。春は萌えいずる翠、夏は緑陰、秋は農場に寝転び白雲を眺め、冬は一面の銀世界の絶景を楽しんだ。

まさに天国の如き楽園であった。

・北海道での25年は、北大で5年、北海学園大で10年、北海学園法科大学院非常勤講師で10年の歳月であった。

（居住地の町内会役員から「北海道での25年」の話を頼まれ、最初は「話す内容もありませんから」と辞退したが、自分を顧みるよい機会だと思い話をした。以下は札幌市中央区二丁目町内会「サロン」での話である。）

1　地方自治土曜講座

北海道生活の思い出の第一は、地方自治土曜講座の実行委員長の役割を21年間担ったことです。１９９５年に北海道町村会の川村喜芳常務の提案で市町村職員を対象に、大学院レベルの講義を行う地方自治土曜講座が開講されました。

１９９５年から２０１１年までの16年間に91回の講座を開催しました。地方自治土曜講座の詳細は『北海道自治土曜講座の16年』（公人の友社‐２０１１年刊行）をご覧下さい。この本です。50ページの川村喜芳「土曜講座16年の歩み」が詳細です。

土曜講座が目指したのは

土曜講座がめざしたのは受講者それぞれが「自分の見解」をもつことです。「自身の批判的思考力」を高めることです。土曜講座は「知識習得」の場ではない。講師の話を丸ごと受容するのではなく、講師の話は自身の「思考の座標軸」を確かなものにするためです。

東京では、細川内閣による地方分権の論議が盛んになり「自治分権の時代」が始まろうとしていました。

受講申込を断らないで下さい

開講準備のときには「7回講座で受講料1万円」の講座に市町村職員が集まるかを心配しました。だが申し込みが殺到して、事務局は360人で締め切り受講申込を断わりました。

筆者は「受講したい人を断らないで下さい」と事務局に要望しました。「会場に入れなくなります」「受講料を受取って会場に入れないでは責任問題です」が事務局の返答でした。「断らないで下さい、責任問題にはなりませんから」と言い続けました。

二年目は受講申込を断らず受け付けました。874人の受講者を収容できる会場が見つかず、借用費は高額だが厚生年金会館の大ホールを借りました。

初日午前の講師は、元内閣官房長官の五十嵐宏三さんでした。感銘深い講義でした。午後と翌日からは北大教養部の講堂と大教室の二会場で同時並行の講座を行った。講師は講義が終わると別の会場に直行して同じ講義を行った。

三年目から受講者を500人で締め切り北大教養部の長細い講堂で開催しました。このときも「受講したい人を断らないで下さい」と事務局に言いました。

［土曜講座を歴史に刻む］

私は、『会場内は満席で後方は立っており、通路にも演壇の周りにも座して聴講している。会場に入れなくて窓から覗いている人もいる』そのような光景を現出したいと思い続けたのです。事務局は無茶で無責任だと言う。けれども、遅れて来た人が怒って文句を言うであろうか。そうではなくて、その光景に驚き「これは何事であろうか」と思い「次回は早く来よう」と思うであろう。それが「土曜講座を歴史に刻む」ことになるのだと思います。

「省庁政策の従属」から「自分たちで政策をつくる」への転換、即ち「自治体の政策自立」は容易ではない。容易ではないが実現しなければならない。

講義を聴いて感銘を受けても、それだけでは職場での実践行動には繋がりません。人が「実践行動」に至るのは「価値軸の転換」です。価値軸の転換には「驚き」と「心の揺らぎ」が必要です。「講義を聴く」のも大切だが、「何かが始まっている」を目撃しそれを「身体で感じる」ことが何倍も重要です。

私は、開講挨拶で「この学習熱の高まりは事件です。時代の転換期には学習熱が高まります。この土曜講座は時代転換の兆しが現実になり始めた象徴的な出来事です」と述べました。

学習熱の高まり

北海タイムスは、立見席で聴講する満席風景を写真入りで報道しました。北海道新聞はコラム・卓上四季に「公務員が自費で勉強を始めた」と書きました。

「今年も土曜講座が始まる」の報道で「土曜講座は札幌の五月の風物詩」になりました。

それまで、地方公務員は元気のない職業集団と思われていた。その公務員が自費で勉強を始めた。しかもその内容は「自治体自立の政策課題」です。

土曜講座の成果

成果の第一は、受講者が相互に知り合ったことです。

当初のころは講義の後「講師を囲む交流懇談会」を開催して、全員が「一分スピーチ」を行い、自分と同じ考えの人が「沢山いる」ことを実感し合いました。

北海道は広いので他の地域の人と言葉を交わす機会が少ない。土曜講座で知り合って「仲間の輪」が北海道の全域に広がった。何かあれば連絡し合える「親密な仲間の輪」です。

「知り合った」ことが第一の成果です。


第二は「話す言葉・用語」が変わりました。

「地方公共団体」が「自治体」に変わり、「地方公務員」が「自治体職員」に変わった。「政策自立」「地方政府」「政府信託」などの「用語」で考えるようになった。

『言葉・用語』は思考の道具です。言葉が変われば「思考の座標軸」が変わり「発想」も「論理」も変わります。

「地方公務員」から「自治体職員」への用語変化は、「職業意識」「職業倫理観」をも変化させます。「中央が地方の上位」と思っていた（思わせられていた）長い間の思考習慣からの脱却が始まったのです。北海道の各地に「地域を考える主体」が誕生しました。土曜講座第二の成果です。

第三は、ブックレットを刊行したことです。

講座での感銘は時間の経過と共に薄れるので「ブックレット」を作りました。講義をブックレットにするのは手間のかかることですが、受講しなかった人にも講座内容を伝えることができます。１１６冊のタイトルが「自治体課題の変遷」を物語っています。

2　北海道自治体学土曜講座　―北海学園大学

北海学園大学で２０１４年から２０１７年まで「北海道自治体学土曜講座」の名称で土曜講座を再開しました。

毎年五回の講座でしたが、実行委員とスタッフの事情で、２０１８年は一回の開催になりました。そこで最終回講座を、松下圭一先生追悼・「松下理論の今日的意義」を考究する公開講座にしました。

以下、主要なテーマを記します。

「自治体学とはどのような学か」（２０１４年）

第一回の主題を「自治体学とはどのような学か」にしたのは、自治体学会を設立して35年が経過し、設立当時の状況を知らない会員が多くなり、「自治体学」の共通認識が希薄になっていたからです。

広瀬克哉（自治体学会代表）
土山希実枝（龍谷大学准教授）
神原　勝（北海道大学名誉教授）
宮下裕美子（月形町議会議員）
（司会）森　啓

北海道自治体学土曜講座

理論と実践の創造

北海道自治体学土曜講座

第1回　自治体学とはどのような学か

「自治体の主人公は市民である」を基本に据えた「自治体学」の理論と実践の創造を目指す「北海道自治体学土曜講座」（全5回）が始まった。

5月31日に札幌市の北海学園大で開かれた第1回の模様を、主催者を代表してNPO法人自治体政策研究所理事長の森啓氏が報告する。この日のテーマは「自治体学とはどのような学か」。

森　啓
NPO法人自治体政策研究所理事長

もり・けい　中央大法学部卒。神奈川県自治総合研究センター研究部長、北海道大法学部教授（公共政策論）、北海学園大法学部教授（自治体学）などを経て、現在、北海学園大法科大学院講師、自治体政策研究所理事長。著書に「文化行政―行政の自己革新」（共著、学陽書房）、「自治体人事政策の改革」（公人の友社）、「自治体の政策形成力」「新自治体学入門」（以上、時事通信社）などがある。最新刊は「自治体学とはどのような学か」（公人の友社）。

◇

午前は「自治体学とはどのような学か」について筆者が所見を述べた。

詳細は動画「https://www.youtube.com/watch?v=wPFx0MoWHlk」を参照。

1．国家学と自治体学
2．自治体の主体は市民である。行政ではない
3．古来より権力は言葉で騙《だま》す
4．「知っている」と「分かっている」の違い
5．説明理論と実践理論

午後は会場討論で論点は三つであった。

1．桶川市のルームクーラー撤去
2．現在日本の状況認識
3．市民と学者の違い

1．桶川市のルームクーラー撤去

1994年の夏は暑かった。

その夏、桶川市の担当職員が生活保護で暮らす老婦人に、「ルームクーラーを撤去しないと来年度から生活保護費が出せなくなります」と「クー

ラー撤去を迫った」の新聞報道が全国に流れた。「何と冷酷な行政であるか」の声が全国に広がった。

生活保護法は厚生省（現厚生労働省）の所管である。だが機関委任で保護手当の支給業務は市が担っている。厚生省は保護所帯の認定基準を「クーラー等は60％以上の家庭に普及」と定めている。

これは「実践理論である自治体学」の課題である。

桶川市は「冷酷な行政と非難をされても、国の委任事務であるから厚生省基準に従わざるを得ない」のである。

パネリストに「どう考えればよいか」「どう対処すればよいか」の見解を求めた。明快な見解が出ないので、「皆さんはどう考えますか」と会場にも意見を求めた。

筆者はかつて（１９９４年）、北海道庁の係長研修で同様の質問をした。

「気持ちとしては何とかしたいが、機関委任事務であるから厚生省基準に従わざるを得ないのでは……」が返答であった。そこで、自治体職員として「それでよいのですか」とさらに尋ねると、「講師ならどうしますか」と逆に質問をされた。

筆者の所見を記述する。

（1）生活保護の受給者は、世間並みを超える暮らし方を一切してはならないのか。世間を気にしながら生活をせよと言うのであろうか。ルームクーラーを設置しても、電気代などが生活保護費に加算されるわけではない。そうであっても、60％以上の家庭に普及していなければ使えないのか。

（2）少額の生活保護手当で「どのような生計を営むか」は各人の自由の問題である。生計費をヤリクリして「オペラを見るのも、美味な料理を楽しむのも、洒落《しゃれ》た服装で出かけるのも」人の暮らし方である。「如何《いか》なる暮らし方をするか」は人の自由である。

（3）「暮らし方は自由であるが、人の税金で暮らしているのだから（世間から助けて貰《もら》っているのだから）、地域の60％の家庭に普及していないクーラーは、やはり感情としては……」の思考と論理は、人権感覚の希薄・人倫思考の欠如である。

（4）福祉は「慈善・施し」ではない。「権利」である。

憲法25条は社会権であり生存権であると平素は講義をする方々が、実践問題に直面すると、途端に「機関委任事務」「通達」「省庁基準」などの「国家統治の用語」に絡め取られた思考になる。これが「知っている」と「分かっている」の場面である。

（5）この事例で見解を求められたとき、「人権の問題」だと考えない、思いがそこに至らないのは、「人権」という言葉を「知っているだけ」で、本当は「分かっていない」のである。自分自身を常に安全な立場に置き、困難を覚悟して一歩前に出た実践体験がなければ、人権感覚は身に付かない。

（6）そもそも、通達や行政基準は官僚の法律解釈である。法律解釈は国家を隠れみのにする省庁官僚が独占するものではない。市民も自治体職員も法律を解釈してよいのである。そして解釈相互に齟齬《そご》があるときは司法の場で解決・決着するのである。

（7）「桶川市のルームクーラー撤去」の事例は、「自治体学とはどのような学か」を、了解し認識する実践理論の事例である。

ところで、担当職員が課長に「ルームクーラーを使っていても、生活保護額を加算するワケではないのだから、認定を続けてもよいのでは……」と相談（具申）したとする。課長は「機関委任業務だから厚生省基準を無視できない」と答えるであろう。ここからが「自治体学の実践」である。

以下は、１９９４年の秋、北海道庁の係長研修での逆質問への返答である。

（1）首長も議員も「市民と共にまちを創る」「安心して暮らせる明るいまちづくり」などを政策公約に掲げている。そして「60％の厚生省基準に合理性は無い」のである。そこで、この二つを公衆の場で（市民の面前で）結び付ける。結び付けて市民の共感を獲得する。つまり「世論」をつくる。

（2）まず、小人数の研究会で討論して下記の共通認識を得る。

①厚生省の認定基準に合理性・妥当性は無い。

②老婦人のルームクーラー使用は生活保護の所帯認定の支障にならない。

③クーラー撤去の問題は「まちづくりの問題である」。

④機関委任の業務であっても「自治体としての見解」を持たなくてはならない。

⑤「議会が自治体見解を確認する」ことが「厚生省基準に向かい合う論拠」になる。

（3）次に、地域の有志に呼び掛けて、これらの論点を討論する公開討論会を開催する。「冷酷な行政だ」と全国に報道されているから、それを逆手に取って「明るい桶川のまちづくり」への参加を市民・議員に働き掛ける。

（4）公開討論会の事前取材を新聞・テレビに働き掛ける。報道されて地域の話題になる。それが「世論」になって「議会での論議」になる。

（5）新聞・テレビで公開討論が報道される状況を、先取りする「市広報の特集」を首長に提案する。すなわち、首長の「先取りしたい思惑」を手助けする。

　これらは「機関委任事務だから厚生省基準に従わなければ」の思考習慣（国家学の論理）を打ち崩す実践である。その論理と才覚が自治体職員には必要である。これが自治体学の実践である。だが国家学の方々には「自治体学の実践」の意味理解は難しいであろう。

　「自治体学の実践」の実例（10項目）を、「自治体学とはどのような学か」（公人の友社・2014年5月刊）の第5章に記述した。

（http://jichitaigaku.blog75.fc2.com/）

2．現在日本の状況認識

　現在日本には「状況追随思考」が蔓延《まんえん》している。自分自身の考えを表明しない人々が増えている。自分の考えを表明しなければ、思考力が低下し自分で考えなくなる。そしていつしか、テレビが言っていること、新聞が報道することが自身の意見になる。

　第1回土曜講座で、これらの「問題状況」を提起して「なぜであろうか」を討論しようと考えた。ところが、「現在日本の状況認識」で見解が分岐した。「批判的思考力が低下していると思わない」との意見が出た。討論が入り口で止まって、「なぜであろうか」の討論に入れなかった。これはどうしたことであろうか。

　このことは、北海道の革新団体が発行する月刊研究誌（2014年4月号）の巻頭言に、「日本は『右傾化』しているか」のタイトルで「右傾化していると一概に言えないのではないか」と書いてあったことに通じる。つまり「現状を認識する思考力」が「低下している」のである。

　巻頭言の執筆者は「著名な国立大学大学院」の准教授である。だが書いてある内容は形式論理である。「価値が多元化した現代社会」であるから「右傾化の基準」を示さなければ「日本が右傾化している」とは言えない。どの主体が、どのようにして、なぜ右傾化しているのかを把握して「左派的価値」を再定義しなければ、「日本は右傾化している」と言えないと書いてある。すなわち、形式論理を得々と述べるだけで、自分自身の見解は表明しない。

　研究誌の編集者は「貴方《あなた》の見解を書いてください」と執筆者に注文すべきではなかったか。自身の見解を述べない巻頭言に「如何なる意味」があるであろうか。

　安倍晋三首相が「集団的自衛権の行使容認を国会で決議する」と言明し、傍若無人に立憲制を真正面から否認しているのである。そしてこの言動を阻止する勢力は少数である。

　これが日本の現状である。「貴方は右傾化していると思わないのですか」と執筆者に尋ねたい。


　そしてまた、自治基本条例の急速な広がりに対して、自民党が「チョット待て!!　自治基本条例」のパンフレットをインターネットに掲載（アップ）した。

　自治基本条例を批判し非難する内容である。国家が国民を統治する考え方での非難である。ところが、全国各地には「自治基本条例の制定」に委員として関わり、あるいは助言者として関与した学者が多数いるにもかかわらず、自民党パンフを批判する発言者は現れない。

　これはどうしたことであろうか。

　自分に矛先が向かないときには立派なことを言うけれども、まさにそのことが問題になると、沈黙し形式論理を述べる。学者もまた「発言をしない世渡り術」に沈潜しているのであろうか。これらの学者には「自治体学の実践」の意味理解は難しいであろう。

　「何が問題か」「打開の手だては何か」を考えるのが「自治体学」である。考えて実践するのが「自治体学の実践」である。

　名著として古典になっている論稿の第1稿は、集会で配布された「パンフレット」であったのだ。

　現状認識は「自治体学とはどのような学であるか」を考える論点である。

3. 市民と学者の違い

　会場討論の三つ目の論点は「市民と学者の違い」であった。

　例えば、岩波新書「市民自治の憲法理論」、岩波現代文庫「ロック『市民政府論』を読む」（共に松下圭一著）を読んだ市民は「ここに書いてあることが本当の民主政治の理論だ」と言う。「当たり前のことが書いてある」とも言う。

　ところが、多くの学者は「読んだがよく分からない」と言う。そして「読まないことにしている」と述べる。

　「どうして学者は分からないと言うのですか」と、筆者は読書会で幾度も尋ねられた。そこで、「市民の感想」と「学者の所見」が違うのは「何故なのか」を討論した。

　以下は当日の討論を基にした筆者の所見である。

国家学

　学者が「分からない」「読まない」と言うのは、「市民自治の憲法理論」と「市民政府論」が、「市民自治の政治理論」だからである。

　学者は「国家統治の国家学」である。だから「市民自治の政治理論」に賛同しない。さりとて、反論もできないから、「よく分からない」「読まないことにしている」と言うのである。

　長い間、東京帝国大学を頂点とした日本の大学は、国家が国民を統治する国家学であった。国家統治に疑念を抱くことを許さない国家学であった。

国家学会

　伊藤博文は、自由民権運動を弾圧し民権家を捕え国事犯として酷寒の蝦夷地に送り、自らドイツに赴き「立憲君主制の国家理論」を持ち帰り憲法草案を作成した。そして、渡辺洪基・東京帝国大学総長に「国家学ヲ振興シ、国民ニ知ラシムルガ必要」と助言し、１８８７年２月、東京帝国大学内に「国家学会」を設立し「国家学会雑誌」を発行して「国家統治の国家学」を官学の正統学とした。

市民政府論

　イギリス革命を理論総括したロックの「市民政府論」がアメリカ独立革命に甚大な影響を及ぼし、「独立宣言文」は市民政府論の文章もそのままに書かれている。アメリカ独立に衝撃を受けたフランス市民は「王権統治から市民政治へ」と歴史を回転させた。イギリス市民革命・アメリカ独立革命・フランス市民革命に驚愕《きょうがく》したドイツ皇帝は、市民運動家を逮捕殺戮《さつりく》し、「国家」を隠れみのにする「立憲君主制の憲法」で皇帝支配を続けた。立憲君主制は「国家」を隠れみのとする偽民主政治制度である。

　伊藤（博文）はドイツの「国家理論」と「立憲

君主制」の発見を喜び、故国の岩倉具視に「良い物を見つけた」と喜躍の手紙を送った。帰国して「立憲君主憲法」つくり「国家を統治主体と擬制する国家学」を正統学にしたのである。

市民と学者

日本は１９４６年、「天皇主権の明治憲法」から「国民主権の憲法」に百八十度転換した。だが「憲法は変われども国家統治は変わらず」であった。

学者は、「市民自治」「市民政府」「政府信託理論」を認めると、長年習得してきた「理論の根幹」が崩れる。だから「よく分からない」「読まないことにしている」と述べるのである。自分一人では「国家統治」から「市民自治」に理論転換できないと思っているのである。実は、学者は自由ではないのである。

国家官僚への公務員試験も、法曹界への司法試験も、「国家統治の国家学の答案」でなければ合格させない（国家承認をしない）シクミになっているのである。そして、学会の主要メンバーは国家学である。

かくして、学者は「国家が国民を統治する国家学」を現在も大学で講義するのである。そして「国家統治学」が民主政治の理論だと思っているのである。

だが市民は、70年間の憲法感覚で「市民自治の憲法理論」「ロック『市民政府論』を読む」に共感する。これが市民と学者の違いである。

自治体学

自治体学は「国家」を「市民と政府」に分別して「市民と政府の理論」を構成する。すなわち、市民が政府を「構成し制御し交代させる」のである。民主主義の政治理論は「市民と政府の理論」「政府制御の理論」「政府交代の理論」でなくてはならない。

国家学の「国家」は擬制の観念である。国家三要素説の国家は曖昧な二重概念である。市民は国家に統治される被治者ではない。民主主義は「国家の統治」ではなくて「市民の自治」である。

２０１４年6月21日、北海道大公共政策大学院が開催した「人口急減ショック『縮小社会』をどう生き抜くか」のシンポジウムで、発言席の学者は現在日本をもっともらしく分析するが「国家政策の根幹」に触れる発言はしない。米国の言語学者ノーム・チョムスキーがアメリカのエスタブリシュメント（Establishment）は「根幹に触れる発言をしない」と述べるのと同根である。

自治体学は、「国家統治の観念」に「市民自治の理念」を対置して、国家学を克服する学である。

「自治体学の概念」「市民政治・自治基本条例」「市民議会」「市民行政」「自治体学の実践」「自治体学会」を、「自治体学とはどのような学か」に詳述した。詳細は「http://jichitaigaku.blog75.fc2.com/」を参照。

「メディアの現状―日本の民主主義」（２０１５年）

官邸の「メデイア監視」と「番組への介入」で、ラジオ・テレビの「政権批判番組」は萎縮し減少しました。とりわけＮＨＫは籾井会長が就任して「ニュース番組の原稿」を「政治部が修正変更する」という「凄まじい事態」になっています。

永田浩三（もとＮＨＫ番組ディレクター）
菅原　淳（北海道新聞編集局解説委員）
徃住嘉文（日本ジャーナリスト会議北海道支部）
林　炳澤（さっぽろ自由学校「遊」共同代表）

「沖縄の人々の苦難は他人事ではない」（２０１６年）

「沖縄問題」は現在日本の最大の緊急課題です。警視庁機動隊を常駐させて空港・軍港の米軍基地の建設を暴力的に強行しています。この実態を日本の人々は知っているであろうか。「本土（ヤマト）のメディアは、ＮＨＫを筆頭に沖縄差別に加担しているのではないか」

基調報告

「沖縄の自治権と環境権」宮本憲一（大阪市立大学名誉教授）

「沖縄の現状とヤマト（本土）の報道」松元剛（琉球新報編集局次長兼報道本部長）

討論

宮本憲一　松元剛　佐住嘉文（北海道ジャーナリスト会議）

（司会）森啓（自治体政策研究所）

北海道自治体学土曜講座

沖縄の人々の苦難は他人事ではない

2016年度第1回「沖縄問題」

森　啓
NPO法人自治体政策研究所
理事長

北海道自治体学土曜講座（2016年5月7日）

「自治体の主人公は市民である」を基本に据えた「自治体学」の理論と創造を目指す「北海道自治体学土曜講座」が今年度もスタートした。先月札幌市の北海学園大で開かれた第1回の模様を報告する。

日時
２０１６年５月７日

会場
北海学園大３号館

主題
沖縄の人々の苦難は他人事ではない

討論者
宮本憲一　大阪市立大名誉教授
松元　剛　琉球新報編集局次長兼報道本部長
往住嘉文　日本ジャーナリスト会議
森　啓　　筆者＝自治体学土曜講座実行委員

討論ポイント
「沖縄問題」と「福島問題」は現在日本の最大の緊急課題である／東京警視庁機動隊を常駐させ、軍港・爆弾庫も備えた基地建設を暴力的に強行している実態を、日本の人々はどれくらい知っているか／日本政府が沖縄の人々に「危険な米軍基地」を押し付け続けている理由は何か／「明治の琉球処分」から「現在の米軍基地」までの、再三再四の「沖縄差別の歴史」を、日本の人々はどう考えているのか／本土（ヤマト）のメディアは、NHKを筆頭に沖縄差別に加担しているのではないか。「沖縄の米軍基地」と「北海道の北方領土」は共通の問題である

問題提起1　沖縄の自治・環境・平和（宮本氏）

（1）沖縄の自治と軍事基地

（翁長雄志知事辺野古裁判冒頭陳述）

「歴史的にも現在においても沖縄県民は自由・平等・自己決定権をないがしろにされてまいりました。私はこのことを『魂の飢餓感』と表現しています。日本には、本当に地方自治や民主主義は存在するのでしょうか。沖縄県にのみ負担を強いる今の日米安保体制は正常なのでしょうか、国民の皆さますべてに問い掛けたいと思います」

(2)沖縄差別の歴史

①琉球併合から沖縄戦まで

1872年 琉球王国―琉球藩

1879年 琉球処分、沖縄県へ

1920年 30年遅れで市制町村制、府県制が本土並みに。植民地以下の行政、特に高等教育（産業経営・技術の人材養成）機関の欠如

1945年 沖縄戦 死者18万8136人、うち民間人9万4000人（15万人という説も）、本土防衛のため太平洋戦中最大の被害

②軍政下の沖縄

（1969年3月の最初の沖縄調査の経験から）

・沖縄は植民地以下の冷戦下の米世界戦略の最前線基地

・財産権をはじめ基本的人権の抑圧

・基地と両立しない製造業などの輸出産業の制約・消費物資の輸入経済

・軍事目的以外の社会資本の未整備（同一人口県の60%）と福祉の欠如

・三権を米軍司令官＝沖縄の帝王が掌握し、自治権を制限

(3)沖縄の心―復帰の理念

①沖縄の心

・米軍の占領・戦争体制からの解放と「平和憲法体制」への復帰の志向

・平和―軍事基地・在沖全軍隊の撤廃

・基本的人権―福祉の保障・環境保全・伝統文化の保持

・自治―沖縄住民の自治権の確立

・憲法95条による県民投票は不採用

②琉球政府「復帰措置に関する建議書」（1971年11月）の挫折

・地方自治権確立、反戦平和、基本的人権確立、県民本位の経済開発を理念

・本土の高度成長政策の轍《てつ》を踏まず県民福祉の向上を目指した社会開発重点

・非公害型と労働集約型工業の開発など

・政府受理せず、「沖縄振興開発計画」（1972年12月）制定

・「沖縄の心」は無視された

(4)民主主義の危機

名護市の市長と市議会の2度の選挙、沖縄県知事選挙さらに衆議院選挙の結果は、県民がオール沖縄で辺野古基地の建設に反対であることを明確に示した。

翁長知事は前知事の埋め立て免許の取り消しを求めている。しかし安倍政権は工事を強行した。日本国憲法の地方自治に基づく民主主義が問われている。沖縄は日本ではないのか。

(5)米軍基地の実態と社会問題

・米軍基地の異常な集中

県下41市町村中21市町村、32施設2・3万ヘクタール＝県土の10・2%、沖縄本島の18・3%。

人口密集地域の中南部に集中。駐留軍人2・5万人、家族1・9万人、うち海兵隊1・5万人。

日本の米軍専用施設74%が沖縄本島に集中。この基地は米軍にとっては、母国では望めないほど素晴らしい（米政治学者チャルマーズ・ジョンソン）。

(6)基地依存の沖縄振興策でなく基地解放

日本政府は復帰以来4回（40年）基地と引き換えに沖縄振興政策を進め、基地所在市町村や基地建設予定地に交付金を散布してきた。しかし沖縄の経済社会自立は実現不能。解放された基地跡地は、数十倍の経済的効果を上げた。2007年の教科書問題前後から米軍基地反対の運動が再開され、「基地か経済か」でなくなった。

(7)不可逆的環境破壊

埋め立てが環境保全や災害防止に配慮されていないことは、前知事がアセスメントに579の問題点がありこれは不可能と指摘し、それが解消されていないのに承認したことからも明らかである。

公有水面埋立法は、戦後の高度成長期に大規模な埋め立てによって海岸などの環境が破壊された反省から、埋め立ての許可条件で最も環境を重視している。この海・地域はジュゴンや青サンゴ礁など絶滅危惧種が多く、生物多様性の宝庫であり、大浦湾など最高の景観。新基地建設は絶対的・不可逆的損失である。

(8)国益と公益との対立

2000年地方自治法改革で、機関委任事務が廃止され、府県・市町村は国の下部機関ではなく、

住民の生命・安全・福祉・環境など内政事務の全面的な責任主体となった。

軍事外交など国際的な事務は国の責任であるが、基地の施設など国家的施設の設置が地域住民に影響を及ぼす場合は、自治体の承認が必要である。

沖縄県は前知事の埋め立て取り消し、国との間で三つの裁判が行われていた。

(9)和解

福岡高裁那覇支部は沖縄県対日本政府の対立を望ましくないとして和解を勧告した。

両者はこれに従い、裁判を取り下げ、工事を中止して、両者が円満解決に向け協議を行うことになった。しかし依然として政府は、辺野古基地建設を唯一の解決とし、沖縄県はあらゆる手段を尽くして、基地建設に反対しているので、両者の協議は難しい。

今後の選挙などの政治情勢が決め手になる。県は国地方係争処理委員会に審査請求中であり、6月に審査結果が出る。

(10)沖縄の自治と人権の確立

辺野古の基地を認めることは憲法の地方自治の本旨の侵害、環境政策の放棄となる。

沖縄は戦中戦後の苦難と差別の歴史から、基地沖縄から離脱して、沖縄の自己決定権を確立し、自立へ向かう第一歩として、辺野古基地建設に反対しているのである。

辺野古問題は沖縄だけの問題ではなく、日本の平和・環境・自治の未来が懸かっている。

裁判の判決いかんにかかわらず、これ以上沖縄に基地を造れば日本は分断国家となる。

問題提起2
沖縄から見る日本の平和・民主主義(松元氏)

(1)安倍政権の非情な強権発動

安倍政権は、強権を発動し続ければ沖縄が屈服すると思っているのであろうか。政府は2015年11月17日、翁長知事を相手取り、ついに法廷闘争に打って出た。知事が辺野古沿岸域の埋め立て承認を取り消したのに対抗し、これを「代執行」によって撤回するための提訴である。政府は埋め立て工事を所管する国土交通省に対し、翁長知事の決定に対する不服審査を求め、国土交通相が知事の決定が効力を失ったとする決定を10月27日に発表した。また、基地前で座り込みなどを行っている反対派住民を排除するため、警視庁第4機動隊を沖縄に派遣して、徹底した強圧姿勢を見せてきた。そして行政府としては究極の強権発動となる代執行にまで至った。安倍政権は沖縄を力で抑え込むために手段を選ばない姿勢を鮮明にした。

沖縄の県紙「琉球新報」は、翁長知事に会おうともしなかった安倍晋三首相の反応を見て、政府と沖縄県の全面対決は避けられないと当初からみていた。安倍政権が力で押さえ付けようとすればするほど、沖縄の反発は強くなる一方である。

政府が性急に法廷闘争に打って出たことで、安倍政権はさらに多くの沖縄県民を敵に回したばかりか、辺野古での新基地の建設が、安全保障上の理由からの必然ではなく、単なる沖縄に対する差別意識に根差したものであることを、多くの人に気付かせてしまった。

安全保障上、どうしても沖縄に造らなければならないというのであれば、ここまで明確に新基地建設に反対している沖縄側の言い分に、もう少し耳を貸し、何らかの妥協を探る姿勢があってしかるべきだ。今回の提訴で安倍政権は、沖縄の民意を一顧だにしない姿勢を鮮明にしてしまった。沖縄の人々は、安倍政権の根底に沖縄に対する差別意識が存在することを確信し始めている。

米ジョージ・ワシントン大教授で米・民主党政権に近い知日派のマイク・モチヅキ教授と桜美林大大学院の橋本晃和特任教授は「沖縄ソリューション」と呼ばれる妥協案を提唱している。それはキャンプ・シュワブ内に小規模なヘリポートを建設した上で、垂直離着陸輸送機オスプレイを本土の別の基地に移駐させることで、普天間基地の閉鎖を可能にするというものだ。これによって米軍が沖縄に求めている機能と役割を維持しつつ、本土もオスプレイを引き受けることで沖縄の人々の負担を軽減することができるのではないか、米政府内にも、沖縄の民意を全く無視する形で新しい基地が造られることに不安を抱き始めている人がいる、とモチヅキ教授は言う。

だが安倍政権は、辺野古以外はあり得ないとの立場を崩していない。

キャンプ・シュワブ内に新たなヘリポートを造る案は、山を削るなどの大規模な工事が必要となる。環境負荷を理由に沖縄が難色を示すことを指摘しながらも、モチヅキ氏のような米政権に近い知日派の有力者から現実的な妥協案が出てきたことは歓迎すべきである。

　沖縄の状況は切羽詰まっており、沖縄問題がこれ以上拗《こじ》れると、日米関係に深刻な打撃を与える事態に陥りかねない。

　すなわち、政府の非情な強権発動に対する沖縄の怒りが爆発し、沖縄の民意が「辺野古の基地建設への反対運動」では収まらなくなり、東アジアの要塞《ようさい》としての機能を持つ嘉手納基地に対しても、沖縄の人々が反対の声を上げ始めかねない状態になるであろう。沖縄県民を追い詰めると、怒りの矛先が嘉手納基地の全面返還要求や、米軍そのものに対する反対運動に向かいかねない。

(2)命の二重基準と辺野古新基地

　2015年10月、翁長知事による辺野古新基地の埋め立て承認の取り消しは沖縄の民意を反映し、公約を全うする当然の選択だった。だが、安倍政権は「知事の取り消し」を取り消すよう求める是正勧告を出し、「取り消し自体」を「違法」として、行政不服審査法に基づく「代執行訴訟」を起こした。

　これは「沖縄の民意」を一顧だにせず、知事の権限を剥奪する強権発動にほかならない。国の施策と対峙《たいじ》した自治体に対し、話し合いを拒否し、首長の権限を奪う代執行を繰り出すのは、政権のモラルハザード（倫理の欠如）そのものだ。

　戦後70年の節目を迎えても、沖縄県民は、政府が決めた外交・安保施策の犠牲になれという差別、「新たな琉球処分」に等しい。

　これは日本の民主主義、立憲主義、地方自治が崩壊の危機に瀕《ひん》する日本全体の問題である。

　沖縄の「新基地拒否の民意」の根底には、ウチナーンチュ（沖縄県民）の命の重さが、本土、米本国、そして、米軍が駐留する欧州の地の民と比べて著しく軽く扱われているという事実がある。これらの二重基準はあまりに行き過ぎている、明確な「構造的差別」であると、県民が深く自覚しているのである。

　2010年の民主党（当時）・鳩山政権による普天間飛行場の県外移設の挫折以来、基地問題のキーワードとして、「差別」「自己決定権」「二重基準」「沖縄県民の尊厳」が浮かび上がる。

　辺野古のゲート前・海上で繰り広げられている「非暴力の抵抗」は、沖縄戦で悲惨な体験をした沖縄の歴史を背負った県民の戦いの集大成であり、紛れもなく沖縄戦と地続きである。

　安倍政権が起こした代執行訴訟を裁判所は地方自治を侵すと問題視し、政権側は敗訴を恐れて和解受け入れに追い込まれた。辺野古の工事が裁判によって中断する意義はやはり大きい。沖縄の不条理を絶つための尊厳を懸けた闘いは続き、日本の民主主義の成熟度を問い続ける。

討論

本稿は当日の論点を基にした筆者の所見である。民主主義社会を維持継続するには批判的思考力の切磋琢磨《せっさたくま》が不可欠である。

沖縄の人々の苦難は他人事ではない

日本の人々は「沖縄は気の毒だ」と他人事のように思っているのではあるまいか。

米軍施設の74％が沖縄本島に集中しているのである。深夜も轟《とどろ》く爆音で眠れず、人家周辺に軍用ヘリが墜落し、女性暴行事件が繰り返され、山林破壊が日常化しているのである。少女暴行の米兵は早々と米本国に帰って行ったのである。

　これは「治外法権」である。明治のときは、政府は「不平等条約撤廃」に全力を尽くした。だが「日米地位協定」は1960年以来、一言一句改定されていない。

　ドイツ・イタリア並みの地位協定に改める交渉申し入れさえもしない。そして日本の人々はその政府を支持し加担しているのである。

沖縄の米軍基地

沖縄の米軍基地は日本を守るためか。米国の世界戦略のためではないのか。基地の米軍兵士は日本の人々を守ろうと思っているのであろうか。司令官も兵士も、日本を守るための基地だと思ってはいないであろう。

　では何のための基地なのか。米軍にとっては、沖縄の米軍基地は「母国では望めないほど素晴らしい」のである（米政治学者ジョンソン）。

沖縄に米軍基地が集中したのは、内灘闘争（１９５２年）、砂川闘争（１９５５年）など基地反対闘争が全国に伝播《でんぱ》し始め、岸信介首相（当時）が急きょワシントンに出向き「基地反対が反米感情に発展する」とアイゼンハワー大統領（同）に伝えて「沖縄ならばよい」となったからである。

米軍基地は必要か

問題は、米軍が「それなら、基地を全て引き揚げる」と言い出したら「コマルのか」である。「それは困る」と（直ちに）言い始めるのは誰であろうか。誰が言い始めるかの見定めが重要である。

困るのは、隣国との友好平和を望まず、安全保障環境の緊迫を声高に言説する人たちである。国際緊張が薄れ友好親善になっては（実は）困る人たちである。武器輸出の解禁を喜ぶ財界人も「適度の国際緊張」を望み、沖縄の基地存続は必要と言説する。

しかしながら、米軍基地を日本防衛のため必要だと漠然と考えてはなるまい。

クリントン政権で普天間飛行場返還の日米合意を主導したジョセフ・ナイ元国防次官補（現ハーバード大教授）は、朝日新聞掲載のインタビュー記事で、「沖縄の人々の支持が得られないなら、われわれはおそらく辺野古移設を再検討しなければならないだろう」（２０１４年12月8日付）と述べた。

駐日米大使として米海兵隊員の少女暴行事件（１９９５年）に対応したモンデール氏（元副大統領）は、米国務省系の研究機関の外交研究・研修協会「退任後インタビュー」で、「沖縄の米軍駐留継続を日本側が求めていた」と証言した。

戦争は殺戮と破壊

戦争は殺戮《さつりく》と破壊である。「国を守る」「国民の生命を守る」は口実である。

軍隊は国民を守らないのである。沖縄地上戦がそれを証した。

戦争開始を命令する地位・立場にいる人たちは、危うい所には（決して）出て行かない。「元海軍軍令部４００時間討論テープ」がそれを証している。

戦争には莫大《ばくだい》な利益を手にする人が常にいる。イラク侵攻でチェイニー副大統領（当時）の会社は莫大な利益を得たと報道された。軍産複合体制は「戦争開始を画策する企業」をもつくり出す。戦争開始の元凶は「莫大利益」である。

「戦争を始めるのは金持ち、戦争で死ぬのは貧乏人」とはフランスの哲学者サルトルの言である。

「沖縄の民意」を一顧だにせず、警視庁機動隊を常駐させ、暴力的に辺野古に本格基地を建設する日本政府に、沖縄の人々は怒りを募らせている。そして、沖縄の人々の苦悩を他人事に思うヤマトの人々にも怒りの情が萌《も》している。

経済的徴兵制

給付型奨学金（返済しなくてよい奨学金）を（言を弄《ろう》して）つくらないのは「経済的徴兵制」を目論《もくろ》んでいるからであろう。

経済協力開発機構（ＯＥＣＤ）に加盟する34カ国のうち、給付型がないのは日本とアイスランドだけ。だがアイスランドは「大学授業料が無料」だから、日本だけである。日本の若者は３００万円から５００万円の借金を背負って卒業している。そして多くは「派遣労働」か「飲食業就職」だから、返済できない、結婚できない、結婚しても子どもを育てられない。

若者を貧困にしておいての軍隊勧誘が「米国の志願兵制度」である。

日本にも「奨学金返済免除」を目の前に吊《つ》るす「経済的徴兵制」が始まるのではあるまいか。給付型奨学金制度をつくらない意図を洞察しなくてはなるまい。

沖縄差別

安倍首相も菅義偉官房長官も沖縄を差別している。辺野古の基地建設を「沖縄県民の負担軽減だ」と言う。「負担軽減」と言うのなら、そして「米軍基地が日本の防衛に必要」と言うのならば、基地は沖縄県外に（日本のどこかに）建設すべきである。

「オール沖縄の民意」は新基地反対である。「空港・軍港・爆弾庫」の本格基地を沖縄に押し付けるのは「沖縄差別」である。

安倍首相も菅官房長官も沖縄県民を差別しているではないか。

「権力者は言説で人々を騙《だま》す」「政府は常に嘘《うそ》を言う」は古今の真実である。

ＮＨＫの変貌

現在、日本のテレビ・新聞は自粛・自主規制して「報道機関の使命」を果たしていない。世界１８０の国と地域を対象とする報道の自由度ランキング（２０１６年）で日本は72位である（見識と気骨ある報道人が年ごとに少なくなる）。

とりわけ、ＮＨＫの変貌はすさまじい。籾井勝人会長になってから、政治部が「ニュース原稿」「ナレーション原稿」を（安倍官邸から文句を言われないように）訂正している。番組も「安倍首相を刺激する内容はどんどん削られ」「ディレクターが書いた原案をプロデューサーが（安倍路線を刺激しないよう）書き換えている（小滝一志・放送を語る会事務局長「マスコミ市民」２０１５年３月号）。

◇　◇

自治体学土曜講座の目的は、受講者それぞれが「自身の思考力」を高めることにある。問題提起と討論は「思考の座標軸」を確かなものにするためである。

「北海道地方自治土曜講座」は１９９５年に開講し16年間継続。一旦中断し、「北海道自治体学土曜講座」として２０１４年に再開した。

これまでの講座内容は、左記を参照されたい。

http://sky.geocities.jp/utopia2036/doyokoza/

http://jititai.net/hokkaido/?p=527

「現在日本は民主主義か」（2017年）

70年前、日本中が焼野原になり、天皇主権（国家統治）の憲法を国民主権の憲法に転換した。
だが憲法学者と行政法学者は「憲法は国家統治の基本法である」と講義しています。

山内亮史（旭川大学学長）　内田和浩（北海学園大学教授）　池田賢太（弁護士）
河上暁弘（広島市立大学准教授）　高橋　悟（自治体政策研究所）
（司会）森啓

特集　北海道自治体学土曜講座

第4回　いま代表制民主主義が危ない

北海道自治体学土曜講座第四回

市民を自治の主体と捉える「自治体学」の実践を目指す「北海道自治体学土曜講座」の第４回が9月27日、札幌市の北海学園大で開催された。テーマは「さらなる自治体・議会改革の必要性～いま代表制民主主義が危ない」。ＮＰＯ法人自治体政策研究所理事長の森啓氏が、議論の論点について解説する。

森　啓
ＮＰＯ法人自治体政策研究所理事長

もり・けい　中央大法学部卒。神奈川県自治総合研究センター研究部長、北海道大法学部教授（公共政策論）、北海学園大法学部教授（自治体学）などを経て、現在、北海学園大法科大学院講師、自治体政策研究所理事長。著書に「文化行政―行政の自己革新」（共著、学陽書房）、「自治体人事政策の改革」（公人の友社）、「自治体の政策形成力」「新自治体学入門」（以上、時事通信社）などがある。最新刊は「自治体学とはどのような学か」（公人の友社）。

◇

本稿は第４回土曜講座「いま代表制民主主義が危ない」の討論で「さらに論議を深めるべき」であった自治体学の論点である。

1　代表民主制と日本の憲法理論

1. 日本の憲法理論は特殊である

１９４５年、日本は焼け野原になりポツダム宣言を受諾した。憲法は「帝国国家の明治憲法」から「国民主権の憲法」に百八十度転換した。だが「憲法は変われども国家理論は変わらず」であった。なぜであろうか。

明治初年に「国権か民権か」の自由民権運動が起こり、伊藤博文はドイツに赴いた。

そのドイツは、イギリス市民革命・アメリカ独立革命・フランス市民革命に驚愕《きょうがく》したドイツ皇帝が「国家」を隠れみのにする「立憲君主制の憲法」で皇帝支配を続けていた。立憲君主制は「国家」を隠れみのとする皇帝支配の偽民主政治制度である。

伊藤はドイツから「国家理論」と「立憲君主制」を持ち帰って「立憲君主憲法」をつくった。そして、渡辺洪基・東京帝国大学総長に「国家学ノ研究ヲ振興シ、普《あまね》ク国民ヲシテ立憲ノ本義ト其《その》運用トヲ知ラシムルコトガ極メテ必要」と助言して1887年2月、東京帝国大学内に「国家学会」を設立し「国家学会雑誌」を発行して「国家学」を正統学とした。そして天皇機関説事件などを経て国家統治に疑念を抱くことも禁圧した。以来、日本の大学は「国家が国民を統治支配する国家学」であった。

2.註解日本国憲法

1948〜1950年、東京帝国大学の学者17人が「註解日本国憲法」なる逐条解説書（上・中・下）を分担執筆して刊行した。

しかしながら、つい直前まで、「国家統治」に疑念を抱くことすらも禁圧されていたのであるから、帝国大学の学者が「国家統治の観念」から自由になることはできる筈《はず》もなかった。

例えば、分担執筆を提案した田中二郎（行政法）は、その後も「国家の優越的地位の論理」を自身の著作に書き続けた（「行政法総論」有斐閣1957年、「要説行政法」弘文堂1960年）。すなわち、「憲法は変われども国家統治は変わらず」が存続したのである。

この「註解日本国憲法」が「日本公法学会」「憲法学会」を主導してきたのである。

3.さっぽろ自由学校「遊」の民主主義講座

NPO法人さっぽろ自由学校「遊」の5回講座「民主主義講座」の第3回（2014年7月）は、憲法学者による「立憲制と民主主義」であった。ところが、90分の講義で「市民」「政府」「市民自治」の言葉は一語も出なかった。用語は「国民」「国家」「国家統治」であった。

そして、「国民主権」と「国家主権」はどう違うのか、との会場質問にその学者は答えられず曖昧にはぐらかした。質問者は、立法・司法・行政の権限は「国家」にあるのか、主権者である国民が代表権限を信託した「政府」にあるのか、を尋ねたのである。

憲法学者の「国家三要素説」では「国民は国家の一要素」になる。「国民」を「国家の一要素」と考える「国家主権」は「帝国国家の明治憲法」の理論であったのだ。

立法・司法・行政の権限は、市民が権限を信託し制御し交代させる「政府」にある、と考えるのが民主主義の理論である。それが「国民主権」である。

4.学者は自由に発想できない

学者は自由に発想できないのである。

国家官僚への公務員試験も、法曹界への司法試験も、「国家統治の国家学の答案」でなければ合格できない（させない）シクミになっているのである。であるから、学者も「国家統治の観念」から自由になれないのである。

「市民自治」「市民政府」「政府信託理論」を認めると、長年習得し講義してきた「国家理論の根幹」が崩れるからである。学者は学会で相手にされなくなることを怖れるのである。

しかしながら、「国家統治」の観念は擬制である。「国民主権」と「国家主権」を曖昧に混同し（巧妙狡猾《こうかつ》に）言い換えてはならないのである。「国家」は権力の座にある者の「隠れみのの言葉」である（映画「たそがれ清兵衛」「蝉しぐれ」の悪家老の「藩命である」の恫喝《どうかつ》と同じである）。

「国家三要素説」は性質の異なる概念（団体概念と機構概念）をない混ぜにした曖昧な説明である。国民を国家の一要素に閉じ込めて「国家」を統治主体と擬制するための言説である。民主主義は「市民が政府を選出し制御し交代させる」である。

民主主義の政治理論は「市民と政府の理論」「政府信託の理論」「政府制御の理論」「信託解除権の理論」でなくてはならない。

日本の憲法は21世紀の未来を展望する第一級の憲法典である。だが日本の憲法学の理論は旧思想を引きずった二流である。二流であると言わざるを得ないではないか。

日本の憲法理論は「憲法を国家統治の基本法である」とする。例えば、国家試験で憲法学の最適教科書と評される芦部信喜「憲法」（岩波書店）

の第1㌻第1行は「国家統治」であり「国家三要素説」であり「国家法人理論」である。最近刊行の他の学者の憲法教科書もほぼ同様である。

5．民主主義

市民は国家に統治される被治者ではない。

民主主義は「国家の統治」ではなくて「市民の自治・共和」である（「国民」の語は、「国家の一要素」になるから、しばらくの間は使わないのがよい）。

代表民主制度を形骸化し危うくしている要因は日本の憲法理論にある。

市民が「政府を選出し制御し交代させる」の考え方を「国家統治の憲法理論」が抑えているのである。「国民主権」を「国家主権」と巧みに（狡猾に）言い換えて「政府責任の追及」を曖昧にはぐらかすのである。

例えば、2004年4月、イラクで3人の日本人が拘束されたときである。

中東の衛星テレビ局アルジャジーラ放送が伝えた「現地の声明」は、「日本の人々には友情すらも抱いている。だが、日本政府のリーダーは米国のブッシュ大統領と手を組んで軍隊をイラクに出動させた。3日以内に撤退を始めなければ、拘束した3人を焼き殺す」であった。

日本のテレビ各局は「アルジャジーラ放送」をそのまま報道した。肉親家族はもとより日本の人々は大いに驚愕した。ところが、翌朝の新聞・テレビは、「政府のリーダーは」の部分を削除して「あなたがたの国は」と改竄《かいざん》した。

マスメディアに「足並みそろえて」改竄させたのは誰であるのか、これは何を意味しているのか。国民の「政府責任の追及」を曖昧にはぐらかすためである。

6．ロックの主著「市民政府論」

ジョン・ロックの「市民政府論」は市民政治理論の古典である。

新訳が岩波文庫として（2010年）刊行された。ところが（こともあろうに）書名は「完訳統治二論」である。訳者（加藤節・成蹊大教授＝当時）は、本書は1部2部の全訳であるので2部の訳書である鵜飼信成「市民政府論」との違いを示すために「統治二論」にしたと「まえがき」で説明している。

しかし違いを示すならば「政府二論」であろう。なぜロックの主著を「統治二論」にしたのか。なぜ「政府二論」を避けたのであろうか。

現在日本には「国家」と「統治」の論調が勢いを盛り返し、明治憲法への郷愁すらも蠢《うごめ》いているのである。これらの動向は、ロックの「市民政府・市民政治」の対極にある思潮である。訳者の心底にこれら論調への賛同が存するのではあるまいか。

2014年1月、同じ岩波書店から「ロック『市民政府論』を読む」（岩波現代文庫）が刊行された。著者の松下圭一氏は、あとがき（「官治・集権の日本とロック」）で、ジョン・ロックは「統治」から「政府」へというかたちで、ガヴアメントという言葉の用法の革命をおこない、ついに市民政治理論の《古典的形成者》という位置をもった、と記している。

1970年代日本の対立軸は「経済体制のイデオロギー」であった。現在日本の対立軸は「国家統治」対「市民自治」である。「統治二論」の書名では「市民政治理論の古典」を現代社会に訳出する意図が逆行する。

「いま代表民主主義が危ない」をテーマとする第4回土曜講座はこの論点を深める討論もするべきであった。

2　代表民主制と市民自治

1．市民自治制度

自治体改革とは「地方公共団体」を「自治体政府」に変革することである。

すなわち、「国家統治の観念」に「市民自治の理念」を対置して、「中央集権」を「地方分権」に組み替え、「行政支配」を「市民参加」に変革する営為である。

1970年代に「革新自治体から自治体革新へ」と盛んにいわれた。その意味は、首長が革新系というだけではダメで、自治体の「機構」も「政策」も「制度」も変革しなければならないとの反省から出た言明であった。

それから40年の歳月が経過した。

１９７０年代と比べて「自治体理論」「政策形成力」「市民自治制度」は相当に前進した。前進はしたが「状況追随思考」になり「主体鈍磨」が広がっている。

なぜであろうか。

情報公開条例、環境アセスメント条例、住民投票条例、パブリックコメント制度、オンブズパーソン制度、政策評価制度、自治基本条例などの市民自治制度を制定する自治体が増えた。画期的な展開である。

しかしながら、「行政内で起案し決裁し議会で議決すれば」それで、政策評価制度や自治基本条例などの「市民自治制度」ができると考える安直思考が広がっている。

統治の行政実態を変革せずして「自治制度の創設」を競っているかの如《ごと》き風潮すらある。

自治制度を創設したと表明した自治体を眺めてみよ。

首長が「自治制度の創設はゴールではなくスタートであります」とあいさつをする。だが、あいさつした後は従来行政に戻る。「ゴールではありません」と言うのだが「制度定着を阻む障碍《しょうがい》」が何であるかが分かっていない。分かっていないから、行政内の「政策策定と政策実行の実態」は変わらない。「自治制度」は既存行政に取り込まれて「人畜無害の制度」に形骸化する。

学者も首長も、自治体改革を「自身の問題に引き付けて」考えないから「制度定着を阻む障碍」が見えないのである。自分自身を「考察の対象外」に置くから、制度をつくれば行政文化が変革すると思うのである。

2. 市民自治と行政文化

「市民自治制度」と「行政文化」は異質である。行政文化は、長い歳月によって行政内に堆積した慣例・手続き・手順・流儀・作法である。公務員の職業倫理観・住民観も行政文化である。その行政文化が自治制度を形骸化し無為化するのである。自治制度の装備には行政文化の革新が不可欠であるのだ。

１９８０年代に時代の潮流となって自治体に広がった文化行政は「今の行政のままでは文化行政にならない」と自己認識し、文化行政を「住んでいることが誇りに思える地域社会を創る、市民と行政との協働の営為である」と定義した。そして、「行政文化の自己革新」を「行政の文化化」という言葉で表現し、「自己革新した主体の協力」を「協働」という言葉で表現した。いずれも造語である。翻訳語ではない。

3. 自治体学理論と自治基本条例

自治体学は、住んでいる人々が公共社会の主体であり、公共社会を管理するのは「市民」であると考える理論である。

すなわち、市民は社会を管理するために政府をつくる。首長と議会は市民から信託された範囲内で権限を行使し、信託に反する場合には市民が交代させる。これが「市民自治の政府信託理論」である。

市民が「自治主体」であって、首長と議会は「制度主体」である。

行政内決裁と議会議決で自治基本条例をつくるという考え方は、「制度主体」が「自治主体」である市民を「そっちのけ」にして「自治体の憲法」をつくるということである。

問題の要点は、地域に「最高条例の規範意識」を如何《いか》にして創り出すかの工夫と実践である。なぜ、住民が最高条例の制定主体でないのか、なぜ、住民投票（住民決裁）を避けるのか。「それは理想論である」と弁明するのは、現状変革の労苦を避け便宜に流れる安直思考である。

もしかして、住民投票を避けるのは「条例の制定ができなくなる」のを恐れてのことであろうか。条例をつくりさえすればよいのだと考えているのではあるまいか。

なぜに、住民の自治意識の高まりを「望まず」「軽視する」のか。「住民合意・住民決裁」を避けて「最高規範の制定」を論ずるのは「市民自治の規範論理」を透徹しない安直思考である。「最高規範意識」を地域に醸成せずして何が「最高条例」であるのか。

4. 最高条例の規範意識

自治基本条例は既存の「○○基本条例」とは異なると言明し、条例文言に「この条例に反する条例や規則を制定してはならない」と規定しても、その条例に「最高規範性」は生じない。「自治体の憲法である」から「中央政府の法律にも優越する」と主張しても説得力はない。その論者が「そう言っているだけ」のことである。主張を担保する規範意識が地域社会に生じていないからである。

「最高条例の規範意識」を地域に醸成する工夫と実践が「自治制度創設」の営為であるのだ。自治制度の創設は現状変革の実践である。その実践が「行政文化」を革新し、「住民」が「市民」へと自己革新し、「行政と住民との関係」を変革するのである。

5. 市民自治の規範論理

1970年代ならばともかくとして、現在は「言葉が広がればよい」「制度ができれば前進だ」ではないのである。

確かに、自治体理論は広がり、政策形成力は高まり、市民自治制度は装備された。画期的な展開である。ところが、「主体鈍磨」が生じ「状況追随思考」が広がっている。なぜ広がるのか。自分自身は何も変わらないで、「新しい言葉」を語れば「それで状況が動く」と考え、「新しい制度」をつくれば「それで事態が変化する」と考えるからである。改革はいつの場合にも「主体」の問題である。「自身の変革」を「考察の外」に置くから「主体鈍磨」になり、「主体の自己革新」の意味が分からないのである。「状況追随思考」になるのは「思考の座標軸」が定まっていないからである。「市民自治の規範論理」を透徹しないから「思考の座標軸」が揺らぐのである。

市町村合併のときも「住民投票を回避する」狡猾論理が横行した。「合併」は「基本条例」と同様に「住民合意・住民決裁」が必要な「自治区域の変更」である。

最新流行の用語を使い学者のような抽象文章を書く公務員は増えた。

だが、職場では上司に従順な公務員である。新しい制度開発のチーム員に選ばれ調査報告書は書き上げるけれども、自身の職務の改革はしない。上司の評価は良いが地域の人々からは信頼されない。庁内ではエリート職員であるが市町村の職員から信頼されない府県職員も多い。つまり、要領の良い勇気のない公務員が増えている。

状況追随思考が自治体職員に蔓延《まんえん》するのは、日常の実践活動によって「自治体理論」を自身の「思考の座標軸」に定置していないからである。

6. 思考の座標軸

行政職員は「終身雇用制」であるが故に「人事昇進を最優先とする価値観」にたやすく絡め取られ「上司に迎合し保身と従属の服務態度」になってしまう。

例えば、前例のない公共課題の解決で市民と話し合っているときに、市民からの提案を「それがいいな」と思うときがある。「これまでのやり方とは違うが、そうしよう」と思ったときの話である。そのとき「どのような態度を取るか」である。その場面が「地方公務員」のままでいるのか、「自治体職員へと自身を革新するのか」の違いになる。

公務員は通常「上司の了解を取らなくては」と考える。だが、それこそが「公務員特有の保身的行動様式」でもあるのだ。「単独判断は良くない」「組織で行動すべきだ」「上司の了解を取るのは当然だ」の言い方は、子細に観察すれば「自己保身の心理」でもある。「上司の了解を取った」は、その瞬間に「責任は上司に移る」のである。ところが上司の方もまた「現状維持的安定の保身」であるから「無難な従来方式」を望む。「責任は取るからそのやり方でやってみろ」とは言わない。そしてまた、その「無難を望む上司の意向」を「皆まで言わさず忖度《そんたく》する公務員」が人事昇進は早いのである。

加えてさらに、管理職は自分に責任が及ぶことは注意深く常に回避する。だから「報告・連絡・相談」を組織規範として要求する。だが「報告・連絡・相談」とは「勝手に自分で判断をするなかれ」であるのだ。この責任回避が行政の文化である。そして、その行政文化が「行政不信」を堆積させ「行政劣化」を増大させているのである。ち

2014年（平成26年）11月17日（月）　地方行政　第3種郵便物認可　6

なみに、新興宗教の基本ルールは「ホー・レン・ソー」である。

7. 行政文化の改革

行政改革とは行政文化の改革である。自治体職員の自己革新とは「何事も無難に」の「公務員の行動様式」を「自分の才覚で」改革することである。自己革新とは「異質の価値軸」を自身の内に形成することなのだ。改革とはいつの場合にも主体の自己革新である。職員が自己革新を回避したのでは自治体の仕事は意味あるものにならない。

職務行為は真剣な営為であるのだ。その自覚が職業倫理観である。仕事をしているフリをしていれば定年まで身分が保障されるというものではない。

そこで問題は、「自分がこうするべきだと思ったこと」と異なる結果になることが十分に予測されるにもかかわらず「上司了解を第一義にする行動様式」をどう考えるのかである。「そうなることが分かっていながらどうして上司に訊《き》くのよ」の問題である。

職務を自己の才覚で処理する責任感を保持するのか、それとも、自分の判断は停止して上司指示に委ねるのかの問題である。自己弁明の理屈はいかようにでもなるのだ。上司との関係を「思考停止しての隷従」にするか、職業倫理による「緊張関係の保持」にするかの問題である。そうしなければ、退職の日には「もぬけの殻」に成り果てるではないか。

以上の問題設定は「上司をないがしろにすべきだ」「組織規範や組織秩序は軽視してもよい」ではない。「自分の才覚で職務を処理する」という職業倫理を「自身に発問する」ことの重要性の確認である。

つまりそれは、自分の才覚で「処理してもよいことがある」と考えるか否かという問題設定である。自分の才覚で処理することが「ゼロパーセント」であるのならば「市民との信頼関係」とか「市民との協働」などと利いたふうなことは一切言わないことである。

もとよりのこと、大問題に発展するようなことを自分の一存で処理してはならない。しかし、そんなことをする公務員は誰もいないのである。

「これは自分で処理すべきだ」との「才覚」と「行動様式」が身に付いたとき「地方公務員から自治体職員へ」の文化変容がなされる。

8. 自治体職員の職業倫理

次の問題は、「上司に指示を求めること」と「自分の才覚で処理すること」との境界線をどこに引くかである。その流動的境界線の見極めが「職業倫理」である。

１９７０年代に「革新自治体」から「自治体革新」へと盛んにいわれて「理論」「政策」「制度」は前進した。だが「主体鈍磨」が生じている。

頭を上げて周囲を見回せば、１９７０年代に変革の旗を掲げた団体は退廃し思想は衰弱し多くは保身の徒になっている。今は拠《よ》るべき心棒が見当たらない。しかしながら、「自立」あるいは「自律」とは、自身の内に心棒を打ち立て状況に流されぬとの謂《いい》であろう。「心棒」とは自治体理論を思考の座標軸に定置することである。

最新流行の自治用語は知っていても、行動様式が旧来の役所流儀のままであるから「鈍磨」になる。改革とは主体の行動様式を変革することだ。

行政職員が旧来文化のままでは改革はお題目である。だが、人事昇進が最優先の価値観になっている終身雇用の役人世界では、主体変革は不可能に思われる。

だが、「主体の変革」とは「その不可能を超える」ことであるのだ。超えるのは知識ではなく実践である。実践は矛盾の構造である。一歩踏み出せば眼前の光景が変わって、不可能に思われたことが可能になる。北海道旭川市の旭川買物公園通りも当初は「国道を公園にするなど不可能だ」といわれたのだ。

「実践が認識を明晰《めいせき》にし、認識が実践を導く」のである。実践体験が自身の「思考の座標軸」を確かなものにするのである。

行政文化と市民自治制度は異質である。「自治制度」は装備されても、主体の文化変容が伴わないから「政策の策定と実行」は統治行政のままである。

9．想像力の衰弱

神奈川県が「官庁革命である」と自賛して制定した「情報公開条例」、三重県が「行政改革の決め手」と自賛して制定した「行政評価制度」は、現在どうなっているであろうか。行政を変革し続けているであろうか。それとも人畜無害の制度として存在するだけか。北海道庁は後発の利益で「行政評価制度、オンブズマン制度、パブリックコメント制度、行政基本条例」を短期間に装備した。そして、北海道庁は自治体改革の最先端の位置にあると自賛したが、北海道民や市町村の方々は道庁を最先端自治体と評価しているであろうか。

自治制度は定着しなければ意味がない。定着を阻むのは行政文化である。行政文化が自治制度を形骸化し無為化するのである。

ジョージ・オーウェルが「１９８４年」で描いた「管理社会」が日本列島に現実化しようとしている。「個人情報保護法」「特定秘密保護法」という名前の「言論の自由侵害法」、「住民基本台帳ネットワーク」という名の「国民総背番号制」、「通信傍受法」という言い方の「盗聴法」は既に国会で決議された。オーウェルの「ニュースピーク」である。イラクで３人の日本人が拘束されたとき、政府高官が述べた「自己責任」もニュースピークである。

「自治体革新」が唱えられた１９７０年代には、自己犠牲を覚悟した「献身性」と未来を展望した「純粋性」が社会に存在していた。だが現在は周囲を見渡しても「主体」が存在しない。「心棒」が見えない。かくして、「主体鈍磨」と「状況追随思考」が広がる。「主体鈍磨」とは「思考力の衰退」である。それは「自身の不在」であり「思想の欠如」である。「思考の座標軸」が定まらないから「状況追随思考」になるのである。

3　行政不信と代表民主制

1．行政不信は言葉だけでは変わらない

自治体職員の本来の職分は「自分の仕事をより良いものにする」ことにある。

「何が問題か」「如何《いか》に改めるか」を考えることである。「省庁政策への従属意識」を脱して「地域の方々と信頼関係をつくる」には、「市民自治の自治体理論」が必要である。「自治体学会」はその理論認識と体験交流のために設立されたのである。

だが、自治体学会の集まりで発言をしても、職場では自分の仕事を改めようとはせず、無難に大過なくの保身で日々を過ごすならば、それは「地方公務員」であって「自治体職員」ではない。

「目新しい言葉を使い」「新しい制度をうんぬんする」のが最先端の自治体職員であると錯覚してはならない。

政策評価、成果主義、マニフェスト（政策綱領）、議会改革、自治基本条例などが話題になり論議された。良いことである。だが問題は、自分自身は何も変わろうとしないことにある。改革はいつの場合も主体の問題である。行政不信は言葉だけでは変わらない。

人は一歩前に出て困難に遭遇して壁を越えて「真相」が見えてくるのである。

自身の「仕事の意味」を問わなければ、「批判的思考力」は日々に衰弱し状況追随の公務員になり住民から信頼されず軽蔑される。

2．状況追随思考

「不公正への怒り」が１９７０年代の日本社会には存在した。労働運動には「自己犠牲への覚悟」があった。今はそれが無い。連合の会長は「勲一等受勲」の日本社会である。現在日本は「考える力」が著しく衰弱して「状況追随思考」が広がり「主体鈍磨」になっている。思考力が劣弱であれば「社会の不公正」に怒りの感情も生じない。

評論家の加藤周一は「人が行動に至るのは『知識』でなく『感情』です」と述べた。

２００５年の合併騒動のとき、住民投票条例の署名運動が全国各地に起きた。それは代表民主制度への不信の表明であった。だが議会は住民投票条例制定の請求を否決した。住民投票が行われても「投票率」を口実に「開票せず焼却」した。常日ごろ「自治分権」「財政自立」を唱えていた学者も焼却を黙過した。このとき、自治体職員の心に「何たることか」の思念が生じたであろうか。

平素、口にする「自治」「分権」「参加」には何の意味もないのである。

「間違っていること」を「間違っている」と発言しなければ、「批判的思考力」は衰弱し磨滅する。合併是非の住民投票を「開票せずに焼却する」のは「代表民主制の根幹」の否認である。なぜそのとき、自治体学会の会員から一斉に批判の声が湧き起こらなかったのであろうか。一歩踏み出せば元気が体内に湧出するのである。

3．市民自治の政府信託理論

自治体とは「行政機構」のことではない。自治体の主人公は市民である。

市民が政府（首長と議会）を選出し政府を制御し政府を交代させるのである。これが「市民自治の政府信託理論」である。

自治体職員は「住んで誇りに思えるまち」を創る事務局職員である。行政職員は首長の私兵ではない。私兵であってはならない。首長と議会の権限は市民から4年期限で信託された権限である。選挙は信頼委託契約であって白紙委任ではない。信託契約を逸脱するときは信託解除権の発動となる。

長い間、統治行政であったから、「市役所・役場」への不信感が根強くある。一番信頼されていないのは議会である。議会不要論が根強くある。公務員も信頼されていない。

自治体職員は地域の方々と信頼関係を築かなくてはならない。相互信頼がなければ「住んで誇りに思えるまち」にならない。だが、国家統治を擬制する国家学理論が行政内に染み付いている。規則も制度も、制度の運用も仕事の手順も、用語も言葉遣いも行政が政策主体であり、住民は行政サービスの受益者である。

大学では、今も国家学理論を講義している。国家学は国家統治の理論である。国家が国民を統治する理論である。

例えば、国家学は「憲法は国家統治の基本法である」「行政は法の執行である」と講義する。だから、行政職員は「行政は法律規則によって業務を執行するのです」「現行制度では致し方がございません」と市民に応答するのである。

つまり「国家統治」とは「行政が主体で住民は客体」ということである。

自治体学は、行政を「政策の実行である」と考える。行政は公共課題を解決することであるから、政策を策定し実行するのが行政である。法律規則は政策を策定・実行するときの規準である。国法は全国規準であるから自治体規準が必要になるのである。

4．市民が直観する「行政不信」

仕事を改めるため一歩踏み出せばそれまでの職場慣行に反することになる。現状維持的安定の上司からは良く思われないから、公務員は「何事も上司に伺って」になる。「何とかならないものか」と才覚を働かせることをしない。自分で判断をしない。管理職はその従順な態度を服務秩序として職員に求める。そして自分自身は「責任回避」に細心の注意を払っている。市民が直観する「行政不信」はこれである。

問題は「自己を抑制し続ける公務員人生」を選択するか、「自治体職員として生きるか」である。公務員人生を選択する若者には「ステキな恋人との出会い」はない。妻と子からも尊敬されない。

自治体職員は芥川龍之介の作品にある「生きて甲斐ある」人生を切り拓《ひら》くのである。生涯の黄昏《たそがれ》時に「もぬけの殻」の自分を見詰めるか、「良くやったナ」と思えるか、がその違いである。

第4回自治体学土曜講座のテーマは「いま代表制民主主義が危ない」である。

これらの論点を深めた討論をするべきであった。

松下圭一先生追悼「松下理論の今日的意義」（２０１８年）

１９９５年から通算21年をかけて土曜講座がめざしたのは、受講者それぞれが「自分の見解を持つ」ことでした。それが「市民が主体となって社会を管理する市民自治」です。市民自治を提唱し続けた松下理論を考究する最終講座です。

講義
「松下圭一・日本を変える」　大塚信一（元・岩波書店社長）
「シビルミニマム論・市民参加論」西尾　勝（東京大学名誉教授）
「松下理論の骨格」　森　啓（自治体政策研究所理事長）

鼎談　「松下理論の今日的意義」
大塚信一・西尾　勝・森　啓

（567）北海道自治体学土曜講座・最終回
「松下圭一先生追悼『松下理論の今日的意義』」―鼎談論議（大塚信一、西尾勝、森啓）
―YouTube

3　市町村合併

25年の北海道生活を振り返って良かったことの二つ目は、小泉構造改革の「地方交付税22兆円を削減するための合併強要」を批判し反対したことです。北海道は、町村面積は広大ですが人口は減少しています。人口1万人まで一律に合併させるのは「住民自治の侵害」です。合併は「行政区域の変更」ではないのです。住民が自分のまちを良くする「自治区域の変更」です。

「市町村合併は何であったのか」

特集　北海道自治体学土曜講座

第5回　市町村合併は何であったのか

森　啓
NPO法人自治体政策研究所理事長

もり・けい　中央大法学部卒。神奈川県自治総合研究センター研究部長、北海道大法学部教授（公共政策論）、北海学園大法学部教授（自治体学）などを経て、現在、北海学園大法科大学院講師、自治体政策研究所理事長。著書に「文化行政―行政の自己革新」（共著、学陽書房）、「自治体人事政策の改革」（公人の友社）、「自治体の政策形成力」「新自治体学入門」（以上、時事通信社）などがある。最新刊は「自治体学とはどのような学か」（公人の友社）。

２０００年初頭、小泉構造改革による市町村合併が国主導で促進された。地方交付税削減の地方切り捨てであった。

交付税削減の兵糧攻めで多くの町村は「合併やむなし」になり、３２００の市町村が１７２０に激減した。そのとき「合併を4年任期の首長と議会だけで決定してよいのか」と住民投票を求める署名運動が全国各地で起きた。

第5回・北海道自治体学土曜講座
主題「市町村合併は何であったのか」
日時　2014年10月25日
会場　北海学園大学

論点提起（10:00～12:00）
「市町村合併は何であったのか」
森　啓（北海学園大学開発研究所）
「少人数町村はこれから」
小林生吉（中頓別町職員）

討　論（13:00～16:00）
北　良治（奈井江町長）
山下英二（大空町長）
菅原文子（南幌町議員）
道林　實（津別町民）
小林生吉（中頓別町職員）
（司会）森　啓

だが、多くの議会は「住民投票の必要なし」として条例案を否決した。

そして現在、人口減少に伴い「増田リポート」が「消滅可能性自治体」なる言葉を喧伝《けんでん》し、総務省は「集中と選択」と称して「地方中枢拠点都市」を提案している。

それらの動向は「市町村合併」の次は「府県合併の道州制」を意図し「地方支配の体制強化」を企図しているとの懸念を生じさせている。

本稿は第５回北海道自治体学土曜講座「市町村合併とは何であったのか」の論議を基にした筆者の所見である。

1. 合併とは何か

合併とは「地域の自治権」を永久に失うことである。

父祖伝来の町の名前がなくなり、役場から発注されていた財政支出がなくなり、公共経済の地域還流も失われる。

若い職員は中心地に住所を移し、商圏も中心に移って商工業は衰退する。周辺地域は間違いもなく寂れていく。合併した地域の実態を眺めれば歴然である。

2. 合併促進の経緯

１９９９年8月6日、自治省事務次官が都道府県知事に合併推進の「指針」を通知した。

〈指針の内容〉
・地元学者などで委員会を設けて「合併促進要綱」を作成せよ
・「何処《どこ》と何処が合併」と具体案を提示せよ

（こうなるのだと思わせよ）
・合併のメリットを説明せよ
交付税を削減する。だが合併すれば10年間は交付税を保障する　↑　（思い違いをさせるカラクリ）
合併特例債　↑　（使途は自由ではない、借金である）
3万人でも市に昇格を認める
・合併の懸念を次のように説明せよ（デメリットとは言うな）

北海道自治体学土曜講座（2014年10月25日、札幌市豊平区）

行政サービスの向上　行政効率の上昇　地域イメージの上昇

3. 市町村の対応

・交付税削減の兵糧攻めで「合併は避けられないのか」と苦慮
・西尾勝氏（当時の地方制度調査会副会長）発言（合併しない小規模町村は自治権剥奪もやむなし）で、合併に慎重であった町村長も浮足立った
・矢祭町（福島県）は「合併しない」を宣言。そして議員報酬を日当3万円に改めた。
・当時の福島県知事（佐藤栄佐久氏）は県として「合併しない市町村も支援する」と言明した

4. さらなる合併促進策

合併が思うように進まないので、国はさらなる合併促進策を遂行した。

(1)「三位一体改革」の宣伝流布

「三位一体改革」とは、①交付税は削減するが、②各省庁の補助金を一括補助金にして、③国税の一部を地方税に税源移譲する、という合併促進策である。

だが、「一括補助金」は各省庁の猛反対で実現せず、「税源移譲」は財務省が容認するはずはなかった。最初から「三位一体改革」は実現できないことは分かっていたのだ。「三位一体改革」を宣伝したのは「合併させるため」である。

ところが、多くの学者が「三位一体改革」の宣伝流布に協力した。

(2)合併特例法の改正

改正案は、市町村の議会が「合併反対」の決議をしても、「住民署名」による「住民投票」によって「議会が決議したものと見做《みな》す」とするものである。

筆者は、2001年12月4日、衆議院総務委員会に招致されて「参考人意見」を陳述した。その内容は次の動画を参照されたい。

https://www.youtube.com/watch?v=2tqXt27Z3tU

衆議院総務委員会参考人意見陳述（2001年12月4日収録）

議会が「合併反対」の決議をしても「住民投票」によって「議会が議決したものと見做す」との法改正は、議会制度を軽視し憲法にも違反する。だが、住民投票によって「合併是非の住民意思」を確認し尊重することは良いことである。

「議会が合併を決議した」ときにも、住民投票による「住民意思」を確認し尊重する内容の改正にすべきであると陳述した。

確認しておくべき重要なこと

自民党内閣と官僚は、このとき「住民投票」を

「法制度として認めた」のである。

ところが、自民党は「チョット待て!!　〝自治基本条例〟なる「政策パンフレット（5ページ）」に「法律上の根拠のない住民投票」と書いて全国に配布した。インターネットにもアップ（掲載）した。

「チョット待て!!　〝自治基本条例〟―自民党」↑（インターネットで検索されたい）

https://www.jimin.jp/policy/pamphlet/pdf/jichikihonjyourei_01.pdf

「政策パンフ」の問題点は以下をご覧いただきたい。

http://jichitaigaku.blog75.fc2.com/

5．北海道の典型3事例

(1)石狩市

隣接する二つの村との合併をめぐって、市長・議会と市民の見解が対立して市民投票を行うことになった。市長と議会は「投票率が60％に達しなければ開票しない」の条項を投票条例に書き加えて投票は成立しなかったとして、開票せずに焼却した。

投票資格者4万4879人　投票者1万9450人　投票率43・34％

1万9450人（43・34％）の有権者市民が、投票所に出掛けて「合併に対する意思」を表明したのである。その意思を開票もしないで焼却したのである。開票しないで焼却するために「50％を60％に」に加重した条例にしたのである。その心底は民主主義に程遠い。

(2)南幌町

町長・議会の合併方針に反対する町民の署名運動が行われ、町民投票が実施された。

投票率66・7％　賛成2148票　反対2675票（差は527票）

町長は「527票は僅差であるから当初方針通りに合併を進める」と、テレビで繰り返し表明した。これに反発した町民の町長解職の署名運動が展開され、議会内の勢力が変わり町長は辞任するに至った。

(3)奈井江町

全世帯に「公正な判断資料」を8回配布し、説明会を各地域で開き、小・中学校でも開いて町民投票を実施した。小学校5年生以上の町民も投票を行った（投票箱は別）。

投票率　：一般73・01％、子ども87・21％

投票結果：合併する　一般26％、子ども16％、

合併反対　一般73％、子ども84％、

奈井江町は「地方切り捨ての合併騒動」を「自治意識を高める機会」に転換したのである。

6．現在の論点

（1）合併して良かったことは何か。何が変わり、何が変わらなかったか。周辺地域は今どうなっているのか。寂れてはいないか。役場・市役所の内部はどうなっているか。職員に活気はあるか、行財政改革は始まっているか。人事の暗闘は生じていないか。

（2）特例債を当てにした合併ではなかったか。その借金の返済はどうなるのか。合併を進めた首長や議員に借金返済の責任意識はあるのか。「われ関せず」ではないのか。付けは住民に返ってくるのである。

（3）住民のわがまちへの意識は合併論議で高まったか。故郷を愛する意識の高まりを目指したか。公正な判断資料を作成提供し、質疑と討論の場を設けたか。合併協議会資料は、合併前提の想定資料ではなかったか。

（4）住民投票の署名運動が全国各地で起きた。これは何を意味していたか。

長と議会への「不信の表明」ではなかったか。代表民主制度への「問い質《ただ》し」ではなかったか。住民投票は代表民主制度が機能不全になったときに生じてくるのである。

（5）アンケートで住民意思を確認したのは公正誠実なやり方であったか。アンケートは「設問と回答」の作り方で集計結果を誘導できる。合併は地域の重大事である。「アンケート」と「住民投票」をどう使い分ければよいのか。

(6)「投票率が低いときには開票しない」とは「民主制度の否認」である。それは住民意思を闇から闇に葬ることである。「50%条項」は吉野川可動堰《ぜき》をめぐって徳島市議会で発生した「異常事例」である。住民投票の不成立を意図した「組織的ボイコット戦術」であったのだ。

(7)地域のよみがえりで最も重要なことは何か。故郷を愛し才覚を働かせる自立心であろう。

地方切り捨ての合併強要をはね返す意識と行動はいかにすれば生じてくるであろうか。

7. 午後の討論

論点Ⅰ　合併を長と議会だけで決めてよいのか
論点Ⅱ　住民投票を開票せず焼却してよいのか

Ⅰ　合併を長と議会だけで決めてよいのか

全国各地で住民投票を求める署名運動が展開された。

合併を長と議会だけで決めずに「住民の声を聴け」の署名運動である。地方自治法74条による住民投票条例の制定を求める直接請求の署名運動が全国各地で起きた。

だが、多くの議会は「住民投票の必要なし」と条例制定を否決した。そして、住民投票を行うに至ったときにも、所謂《いわゆる》「50%条項」を投票条例に書き加えて「住民投票は成立しなかった」として、投票箱を開かず「住民意思を焼却」した。

これらは何を意味していたのであろうか。

「50%条項」とは

徳島市議会の吉野川可動堰の建設をめぐる住民投票条例の制定過程で、「住民投票の不成立」を意図した組織的ボイコット戦術として提案され、妥協の産物として生まれた異常事例である。50%条項は「住民意思を葬る策」として提案されたのである。

合併は地域の将来を決する重大な変更である。長と議会の権限は有権者住民が4年任期で信託した代表権限である。合併は代表権限を超える重大問題である。

署名運動が始まるのは有権者住民が「代表民主制度が機能していない」と考えたときである。それは長と議会に対する有権者住民の不信の表明である。

そして、住民投票条例制定を求める署名運動が、全国各地で一斉に展開されたということは、「代表制民主制度」を担保する「自治制度の整備」を求める行動でもあると認識すべきであろう。

ところが、「署名が多数になれば、議会審議に影響する(無視できない)から、住民投票条例は議会制度の否認になる(なりかねない)」との言説が、まことしやかに(学者からも)なされた。そして、ほとんどすべての議会は住民投票条例の制定請求を否決した。

否決して長と議会だけで合併を行った。少数ではあるが、住民投票によって長と議会の合併方針を阻止した自治体も存在した。

直接民主制と間接民主制

合併をめぐって次のような論理が横行した。

住民投票は直接民主主義の手続きである。憲法が定めている原則は代表民主制(間接民主制)である。住民投票は間接民主制に対する直接民主制の介入である。このような論理が横行した。

しかしながら、「直接民主制」と「間接民主制」は相反する制度ではない。あたかも「相反する制度である」かのごとくに対置して論ずること(レトリック)は正当ではない。それは住民投票を嫌悪する人々の意図的な論理である。

代表民主制は「選挙という直接民主制」によって成立するのである。代表民主制は直接民主制によって正統性を担保されるのである。直接民主制が土台である。憲法8章の規定はそのことを定めているのである。

ところが、選挙が「代表者選出の手続き」であるがために、選挙は「間接民主制の手続きである」としばしば表明される。だがそれは誤りである。「投票」は有権者の「直接・秘密」の直接民主主義の手続きである。

選挙は代表権限を信託する契約である。長と議会の権限は信託された範囲内での権限である。選挙は白紙委任ではない。

ところが、当選した途端に長と議会が「住民の上位者になる」と錯覚するのは、「国家統治」という擬制の論理が原因である（本誌2014年11月17日号「第4回土曜講座」に記述した）。

住民投票は「代表民主制の否認」ではない。リコール（解職要求）でもないのである。

住民投票は、代表権限の逸脱を制御する有権者市民の制御行動である。

今次の署名運動は、「代表権限の運用」に是正を求める住民の「問い質し」行動であったのだ。有権者住民の「問い質し」に誠実に対応しないときには「信託解除権」の発動となる。

それが南幌町の事例である。

南幌町の事例

南幌町の事例をめぐって次のような見解が提出された。

「住民投票条例の文言」は、「投票結果を尊重する」である。「投票結果に従う」ではない。

「尊重する」であるから「解釈の幅（自由）がある」と考えてよいのではないか、南幌町長の見解を誤りとは言えないのではないか。そして、条例解釈に疑義が生じないため、条例の文言を「投票結果を尊重する」でなく「投票結果に従う」に改めておくべきである、との見解がある。これをどう考えるか。

「投票結果を尊重する」とは「投票結果の多い方を選択する」ことである。

既定方針通りに「合併を進める」のは「投票結果を尊重しない」ことである。

また、条例解釈に疑義が生じるからとの理由で、「尊重する」の文言を「従う」に改めるのは、代表民主制の制度論理を揺るがすことになる。

代表権限を信託された長と議会は、職責として「投票結果を尊重」しなければならないのである。すなわち、首長は「投票結果を尊重して」決裁し、議会は「投票結果を尊重して」議決するのである。「個人見解」と「職責判断」は分別しなければならない。

それが代表民主制度の原則である。だがしかし、現実には原則になっていない。

だから、自治基本条例を制定して明示するのである。

そしてまた、条例の文言を「尊重する」にしてあるのは、代表民主制度を機能し続けさせるためである。「尊重する」を「従う」に改めて「代表権限者の職責判断」を不必要にするのは、代表民主制度を機能停止させることになる（「新自治体学入門」時事通信社刊65㌻を参照されたい）。

Ⅱ　住民投票を開票せず焼却してよいのか

今次の合併では「50％条項」を援用（悪用）し「住民投票は成立しなかった」にして、投票箱を開かず焼却する事例が頻発した。

投票箱の内にあるのは「町の将来を考えた住民の意思」である。投票率が3割であろうと4割であろうと開票するのが民主主義である。投票率に

よる投票結果の評価は次の問題である。

繰り返すが、首長と議会の権限は、住民から信託された権限である。4年任期の権限である。住民意思を「開票もせずに焼却する」のは、「民主制度根幹の否認」である。

だが、このとき学者も自治労も自治体学会も黙過した。メディアも報道しなかった。

「民主制度根幹の否認」と受け止める痛覚が麻痺《まひ》していたのである。現在の日本社会には「主体鈍磨」と「状況追随思考」が蔓延《まんえん》しているのである。

（2013年5月26日、東京都小平市は東京都の道路計画の見直しをめぐって市民投票を実施した。市長は「投票率が50％に達しないときは開票しない」と「50％条項」を条例に書き加えて開票しなかった。

有権者14万5024人
投票者5万1010人
投票率35・17％）

住民投票を求める署名運動

住民投票を求める署名運動は「代表民主制度が正常に運営されること」を求める住民意思の表明である。「住民投票条例の制定」を求める署名運動が各地に起きるのは、「代表民主制を担保する制度」の必要に有権者市民が気付き始めたと認識すべきである。

「自らの意思を表明する制度」を求める「動向の始まり」と認識すべきであろう。

さて、北海道自治体学土曜講座（第5回）の午後の討論では、

「合併は地域の将来を決する重大問題である」

「長と議会だけで決定してはならない」

「合併は住民投票を行い有権者住民の意見を尊重して決すべきである」

一家言

表現とテロ

今年の世界は、1月7日パリで発生した仏週刊紙シャルリエブド襲撃事件で不吉な幕を開けた。2月にはコペンハーゲンで風刺画家を狙ったとみられる銃撃事件が起き、多数のイスラム系移民を抱える欧州は連鎖の拡大に戦々恐々としている。

シャルリ紙はムハンマドが裸で寝そべっている姿など、これまで何度か預言者の風刺画を掲載してイスラム世界の憤激を買ってきた。別の仏週刊紙が福島原発事故後、同原発を背景に腕や脚が3本ある相撲の力士を描いた風刺画を掲載して、日本で物議を醸したこともある。これらの風刺画が示すフランス流諧謔《かいぎゃく》のエスプリは、日本人には理解がなかなか難しかろう。私から見ればテイストが合わない、もっと言えば趣味が悪い。知人の仏文学者は「キリスト教や政治家に対しても同様のえげつない風刺画を描き続けてきて、今では飽きられ時代遅れになって先細り」とみる。

そこで興味深いのが現代フランスを代表する女性作家、マリー・ダリュセックが事件後、各国の新聞に寄せたエッセーである。日本では東京新聞に掲載された。襲撃事件で編集長ら親しい知人を殺された彼女は、社会のあらゆることをシャルリで学んだと言い、「人はシャルリを読み終わると世界の愚かさ加減に安心する。大笑いや大泣きの後のように再び気を取り直す。なぜならシャルリはメランコリックで哲学的な新聞でもあるから」と書く。なるほど。あの国の知識人の中にはそういう受け止め方があるのか。

事件後、「Je suis Charlie」（私はシャルリ）と仏語で書いた紙を掲げて犠牲者への連帯を示す行動が独や英米などに広がった。これはケネディ元米大統領が冷戦で東西に分断された西ベルリンで1963年、「Ich bin ein Berliner」（私はベルリン市民だ）と独語で演説し、自由主義世界の団結を訴えたことに源があるという。日本人人質事件では「I am Kenji」のメッセージがSNSに多数投稿された。今年世界は何度も「私は○○」と言わなければならないのだろうか。

（南風）

そして「投票率の如何《いかん》にかかわらず開票すべきである」が、討論者全員の見解であった。

そこで、司会から「自治基本条例の制定の場合はどうか」と尋ねた。

つまり、自治基本条例の制定は「長の決裁」と「議会の決議」で制定できるのか、それとも、「住民投票の合意・承認」が必要であるのか、について意見を求めた。

「自治基本条例の制定も住民投票が必要である」が討論者全員の見解であった。

しかしながら、現在日本では、「長と議会が決定したこと」に対して「住民投票を行う」のは、「代表民主制度への不当な介入である」とする見解が、少なからず存在する。

北海道内で実施された住民投票

2003年10月	奈井江町（中空知4市5町）	＝反対
04年2月	月形町（当別町、新篠津村など）	＝賛成
6月	標津町（中標津町、羅臼町）	＝反対
8月	日高町（是非と枠組み）	＝門別町、平取町との合併賛成
10月	南幌町（由仁町、栗山町）	＝反対
11月	浜益村（石狩市、厚田村）	＝賛成
	中札内村（帯広市）	＝反対
	中標津町（羅臼町）	＝反対
05年1月	石狩市（厚田村、浜益村）	＝未成立
	白糠町（釧路市、阿寒町、音別町）	＝反対
	津別町（北見市など1市4町）	＝反対
	留辺蘂町（同）	＝賛成
	端野町（同）	＝賛成
	常呂町（同）	＝賛成
2月	風連町（名寄市）	＝賛成
	佐呂間町（湧別町、上湧別町）	＝賛成
	湧別町（佐呂間町、上湧別町）	＝反対
	女満別町（東藻琴村）	＝賛成
	東藻琴村（女満別町）	＝賛成
	虻田町（豊浦町、洞爺村）	＝賛成
	豊浦町（虻田町、洞爺村）	＝反対
3月	日高町（門別町）	＝賛成
	穂別町（鵡川町）	＝賛成
	静内町（三石町）	＝賛成
	三石町（静内町）	＝賛成
09年2月	留寿都村（喜茂別町）	－反対
3月	南幌町（由仁町、栗山町）	＝反対

そしてまた、自治基本条例の制定は、ほとんどが「長と議会」だけでの制定である。

そこで、会場からの自由な意見の表明を求めた。だが、討論者の見解に賛同しない発言は無かった。

されば、本誌の読者の方々は、以上の討論をどのようにお考えになるであろうか。

霞が関かいわい

民主党の賛否の行方は？

財務省

政府は、2015年度税制改正関連法案を閣議決定し、国会に提出した。関連法案には、4月1日以降税率が変わる日切れ法案などを含め、15年10月から予定していた消費税率10%への引き上げを17年4月に延期する法案も一括して盛り込んでいる。財務省内では、この増税延期法案に対する民主党の賛否の行方に、ひそかな注目が集まっている。

消費税の引き上げは民主党政権時代、自民、公明と3党合意した経緯があるだけに、引き上げ自体には表立って反対しづらい。官房の国会担当幹部は「岡田克也代表は財政再建論者で、増税に前向きだが、党内も一枚岩ではない」と気になる様子。賛否については「税制法案は一括採決だろうから、最後は『歳出の財源となる歳入には全体として反対』と言うのだろう」と予想する。

さらに、気になるのは、税制法案の成立時期の行方だ。自民党国会対策筋は「15年度予算案の審議日程がずれ込み、年度末までに税制法案の審議時間を抑えられるか分からない」と不安を見せる。先の担当幹部は「日切れ法案が年度内に成立しなければ、国民生活に影響を与える。野党もそこまで反対はしないのでは」と期待するが、結果は……。

2015年（平成27年）3月2日（月）　地方行政　第3種郵便物認可　22

〔学者はブレル〕

全国各地から幾度となく合併反対の講演を頼まれました。神奈川県庁での文化行政のときも講演を依頼されて全国各地に出かけました。合わせると47都道府県のすべての地域に出かけました。

熊本県の町村議長会から講演依頼の電話が架かってきたとき、「なぜ北海道の私ですか、そちらにも講師がいらっしゃるのでは」と言うと、「政府がすすめる合併を批判する人が居ないのです、全国町村議長会に訊いて貴方に電話をしているのです」とのこと。

平素、「地方自治の確立」を唱えている学者が、府県から「合併検討委員会委員」を委嘱されると、途端に合併促進の側になってしまう。北海道でも普段は「市民自治」を言っていた学者が「私は合併に賛成でも反対でもない、中立である」と言いました。だが、政府が（府県に命じて）合併促進を強要しているのです。賛成か、反対か、であって、中立などは無いのです。

投票箱を開かず投票を焼き捨てる

全国各地で「住民の意見を聴け」の声が高まり、住民投票条例制定の署名運動が始まりました。だが議会が住民投票条例制定の提案を否決しました。否決する手段として「50％条項」を援用しました。「50％条項」とは、徳島市議会で１９９９年12月「吉野川河口堰の住民投票を葬るため」公明党市議団が提案した組織的な投票ボイコット戦術です。つまり「投票率が50％を超えない」ときには「住民投票が成立しなかったのだ」として「投票箱を開かず（合併に対する住民の意志）である投票を焼き捨てる」という条例です。この（50％条項）が全国各地で悪用援用されたのです。

東京・小平市の住民投票―50％条項

東京・小平市で２０１３年５月26日、都の道路計画を巡り住民投票が行われた。５万１０１０人が投票した。だが投票率は35・17％であった。ところが小林正則市長は、投票率が住民投票条例に定めた50％に満たないから「開票しない」と言明した。なぜ、開票をしないのか。

投票箱の内にあるのは、投票場に足を運んで投じた「小平の生活環境を真剣に考えた」市民の意志である。市民は小平中央公園の雑木林や玉川上水の緑道を損ね、住宅二百二十戸の立退きを迫る道路計画に反対しているのである。

「他都市にも例がある」とか「小平市住民投票条例で定めているから」は、理由にならない。これは民主政治（市民自治）の根幹に関わる問題である。

「開票しない」との市長の言動は、市民から代表権限を信託された首長にあるまじき（あってはならない）言動である。住民意思を「闇から闇に葬る所業」である。

投票率が如何ほどであろうとも開票すべきである。

5月20日。市役所で行われた記者会見で、記者の「なぜ開票しないのか」の質問に（しどろもどろの弁明）返答であった。

おそらく、小林市長と市議会多数派は、仮に投票率が50％を超えて開票したとしても、「住民投票には拘束力は無いのだ」と言い募り、投票に示された「住民意思」に従わない（尊重しない）であろう。

開票しない（したくない）と言明する市長の真意は何処にあるのか。

その狡猾を見抜く賢明さが民主主義には必要である。

市長は、四年の期限で「代表権限を信託された」のであって、小平市の重大問題に投票した住民意思を「開票しないで廃棄」する権限は、市長にも議会にもない。信託は白紙委任ではないのである。

市長の「開票しない」の言明について、「弁護士ドットコム事務所」の稲野正明弁護士の見解がインターネットに流れている。

「間接民主主義ですから、住民投票は議会や市長が参考にするものです」「住民投票はそんな程度のものです」「住民投票に法的拘束力はないのです」「税金を使って行った住民投票だから、開票しないで捨ててしまうのは、少々もったいないとも言えるが」と述べている。

この所見は「裁判法廷の場を職業とする者」の思考である。「法律条文を唯一と考える人」の所見である。つまり、司法試験に「合格するための法律の勉強」をしただけで、法律条文を超える現実世界を想像することができないのである。そのような人には現代社会の重大問題に応答する才覚は無いのである。

小平市の住民投票の問題は「市民自治の問題」である。住民投票は「政治的効果」が重要なのだ。「市民の自治力」が「市民社会を良きものにする」のである。

思考の座標軸にその視点が無い弁護士の所見には「三文の値打」もないである。

弁護士だけではない、大新聞の論説にも問題がある。

2013年5月28日の朝日新聞の社説は「腰の引けた」社説である。

例えば、投票に行く人を「見直し派」、投票しない人を「見直し不要派」と尤もらしく分析する。だが「道路計画に賛成だから投票に行かない人」と「無関心だから投票に行かない人」を合算させるやり方で、投票率を50％以下にさせようしている（企み）を透視しない社説である。

「50％条項」なるものは、吉野川可動堰に反対する住民運動に対して、徳島市議会で公明党議員が考え出した「住民投票を不成立にする狡猾な戦術」である。

すなわち、「50％条項」は「住民投票を不成立にする」ための「組織的投票ボイコット戦術」であったのだ。

そのことは、岩波新書「住民投票」（今井一）に明確に記述されている。朝日の論説委員が「話題になった岩波新書」を知らない訳はないのだ。

だが社説は「50％条項そのもの」に言及しない。

そしてまた、社説冒頭に「投票率が50％以上でなければ成立せず開票もされない。そんなルールで行われた」と書き始める。この書き出しが「執筆委員の感覚（批判的思考力を退化した現状肯定の人生態度）」を物語っている。

論評するべきは「そのルール」であるのだ。しかるにそのルールを所与の如くにまず書いて「論点をズラした文章」にする。

（朝日の社説は読む気がしないとの声を聞くが、このことか）

「投票率が50％以下であれば住民投票は成立しないものとする」としたそのことを社説は論じるべきである。

そしてまた「住民投票は行われた」のである。「住民投票は成立しなかったものとする」は、道理に反するではないか。投票率に拘らず「開票する」のは当然のことではないか。

投票率があまりにも低い場合には「投票結果の評価」の問題が生じるであろうが、それは開票後の問題である。

徳島市議会の異常な事例（組織的投票ボイコット戦術の企み）を大新聞の社説が正当な先例として論ずるのは誤りである。

問題は「開票を避けるのは何故か」「なぜ開票を怖れるのか」である。

さらにまた、朝日社説は「投票率の要件を定めた方が良いこともある」と、尤もらしく論点を追記する。だがこの頃問題になっていた自民改憲の「国民投票法は投票率を定めていない」ことには言及しない。この問題は参院選を目前にした国民には重要論点ではないか。

北海道の典型的な事例

南幌町
町長は北海道庁の指図通りに合併しようとしたが、「町民の意見を聴け」の声で町民投票になり、結果は「合併反対」が多数であった。町長は「僅差である」と（テレビでも）言明して合併を強行した。町民は怒って「町長解職（リコール）運動」を始め、町長支持であった議会内勢力も変わり町長は辞任するに至った。

石狩市
（南幌町の合併不成功の経緯を見て）石狩市長と議会は「投票率が60％を超えなければ市民

投票は成立しなかつた」とする条例をつくり、投票箱内の市民の意志（投票用紙）を焼却した。だが、市長選挙でも市議会議員の選挙でも、投票率が50％を超えることは殆どないのである。（2021年8月の横浜市長選挙（カジノ（賭博）をめぐる選挙）は8人の立候補者が有権者に自分への投票を呼びかけましたが投票率は49・1％でした）。60％の条例は「住民の意見を聴かない」ということである。

奈井江町

町長と議会は「合併は町民生活にとって重大問題である」として「合併の利害得失を分かり易く書いた資料」を全所帯に8回配布し、集落毎に懇談会を開いて説明した。中学生・高校生にも「町の将来を考える合併説明会」を学校で行い、投票日には小学五年以上の「子どもの投票箱」を設けた。町民投票で「合併はしない」が近隣市町村と事業を協力し合うことにした。

衆議院総務委員会で陳述

政府は3200の市町村を1000に合併しようとしたが、思うほど合併がすすまないので、地方自治法を改正して「市町村議会が合併反対を決議」しても「議会が合併の議決したものと見なす」という法改正を企みました。

その地方自治法改正について衆議院から意見を求められ総務委員会で改正反対の意見を陳述した。そのときの映像がインターネットに流れているのでご覧ください。

https://www.youtube.com/watch?v=2tqXt27Z3tU

（衆議院総務委員会・参考人意見陳述・森啓（北海学園大学）－合併特例法改正審議）

政府の交付税削減の兵糧攻め（脅し）で３２００の市町村が、１３００になりましたが、「合併して良かった」というところは殆どありません。

4　無防備平和・署名運動

北海道の思い出の三つ目は、無防備平和の署名運動に加わったことです。「学生に講義をする仕事が終わったら、無報酬で反戦平和の市民運動をやろう」と思っていました。ちょうどそのころ、北海道庁正面の赤レンガ池を眺望できるＫＫＲホテル二階のレストランで、市民の方から「無防備平和地域宣言」の署名運動の代表人を頼まれて引き受けました。札幌を無防備平和都市にする宣言条例制定の署名運動です。条例制定の署名運動は「姓名・住所・生年月日・捺印」の署名を集めるのです。一か月（60日）で有権者総数の２％の署名を集めるのです

札幌市の有権者数は１５５万９千５５７人（２００７年当時）でしたから、その２％は（3万1千１９２人）です。最初は（できない・無理）だと思いました。だが、多くの人々が本気になり、私も本気になって、４万1千６１９筆の署名を集めて成功しました。

市民と労組役員の「思考回路」の違い

団体や組織の役員と市民運動の人とは「発想」「思考回路」が異なります。団体や労組の役員は「組織決定して組織動員」です。そして「失敗したときの責任」を常に考えます。ですから「やりましょう」にならない。時期尚早と言います。決断できないのです。

市民運動の人は「自分の考えで決断します」「やってみよう」です。失敗したときの責任よりも「やらなくては、やってみようよ」と発想します。

署名が始まると、「お前はアカだ」「お前の講義を聴く学生は哀れだ」「ヤメロ」のメールが毎日何百通も届きました。その一部をパソコンに今も保存してあります。

当初のころの大学の用務で何もできなかった日のことです。札幌エルプラザでの夕刻の「署名獲得数の報告会」で、（代表人でありながら今日は何もしなかった）と、その場に居たたまれぬ辛い思いになりました。でその翌日から足を棒にして、最高は一日で１７９筆の署名を獲

得しました。（この数は今も全国トップで破られていません）
書物―『無防備平和・谷百合子編』（高文研社刊・2009年・1600円）
ビデオ―『無防備地域宣言―平和なまちをつくる』

［中国の西安と延安に旅した］

延安大学で日本語を教えている知人と再会するため（2009年5月9日－5月16日）、中国の西安と延安に旅した。

西安は、遣隋使・遣唐使のころは「長安の都」である。西安空港からリムジンバスで一時間の道のりであった。城門をくぐり長安の都大路に入ったときには、古代日本の修学僧に想いを馳せ心にときめきを覚えた。奈良平城京の朱雀大路は長安を模して造営されたと言われている。宿舎の向かいに「招待所」の看板が見えた。招待所とは貧困層の宿泊施設である。不躾にならぬよう注意しながら見て歩いた。富裕層の生活水準は急速に上昇している中国であるが、圧倒的多数の貧困層の生活が工業文明の恵沢を得るに至るには如何ほどの歳月を要するであろうか、と思った。

西安での目当ては、張学良が蒋介石を拘束した西安事件の歴史の現場である。蒋介石の寝室の窓枠には弾痕が残されていた。案内してくれた女子学生が「寝台の向こう側の窓から逃げたのです」「あの山腹の建物に幽閉されたのです」と説明した。国共合作の歴史の現場に佇み山腹の建物を見上げて、しばし「中国近代史と日本の軍事侵略」を想った。そこは「華清池」という楊貴妃の浴室も残されている著名な温泉地である。

西安駅24時発の延安行夜行寝台車に乗った。深夜の西安駅待合室は辺境に向かう乗客がいっぱいで、その風景は印象深いものであった。百八十元の軟座で眠った。一元は17円で軟座料金は３０６０円である。因みに硬座料金は百元（１７００円）。

朝の七時に延安駅に着いた。国立延安大学の外事処の職員に出迎えられた。

延安は紅軍の長征で有名な中国革命の根拠地である。毛沢東、朱徳、周恩来、劉少奇の洞窟居宅が保存されていた。毛沢東は中国革命の著作の多くをここで書いた。国民党の爆撃攻撃が11年で17回あったと説明された。

正面に「在毛沢東的旗幟下勝利前進」「中国共産党第七次全国代表大会」と書かれた会議場が生々しく保存されていた。

中国の延安大学で講演

国立延安大学で講演を頼まれ「日本の近代化」のタイトルで話をした。

日本は１９４５年に軍国主義国家体制を解体し国際協調と無防備平和の憲法を制定した。現在の日本政府はアメリカとの軍事同盟に傾斜していると説明して、日本の市民は平和憲法の実現をめざし「無防備平和宣言条例」の制定運動を展開しているのです。この本が「札幌市民の会の活動記録」です。この本には「国家統治」に対抗する「市民自治」の論文も収録されています、と本を掲げて日本の無防備運動の現状を説明した。

講演のあとその本「無防備平和・谷百合子編」を延安大学に寄贈しました。

夜遅くまで日本語学科の学生に囲まれて談論した。向上心旺盛な中国の若者との語らいは楽しいものであった。「日本人は中国をどのように見ていますか」と学生に訊ねられた。「殆どの日本人は現在の中国を知らないのです」と答えた。そして、友好は互いに知り合うことから始まるのだと強く思った。

帰国の前夜、北京で映画「南京、南京」を観た。（２００９年5月15日の朝日新聞はこの映画を「脱・反日」と紹介していた)。日本での上映は難しいであろうか。

数日後、延安大学の知人から「学生との談論の感想文」がＦＡＸで送信されてきた。延安大学のホームページは「日本人が来校して講演した」と報じていた。

5　原発民衆法廷

思い出の四つ日は、原発災禍の責任者を弾劾する民衆法廷で証言したことです。札幌の民衆法廷は、泊り原発の危険極まるプルサーマル計画に賛成した高橋はるみ知事と奈良林直（北大教授・元東電社員）の責任を弾劾する民衆の法廷です。

原子力発電の事故は「人間の手には負えない」のです。そして「機械に絶対安全」は無いのです。10年が経過しても「廃炉のメドもたたず」「放射性物質を海に流し続け、海を汚染し続けている」のです。何万人もの人が、今も「生まれた土地に戻れず」「粗末な避難住宅で神経症に苦しみ孤独死している」のです。

しかるに、悪人たちは「利権の原子力ムラで結託」して「誰も罪に問われない」でいる。この理不尽を放置してはならないのです。

民衆法廷は（民衆の怒りを基に）この理不尽を弾劾し断罪する正義の法廷です。

民衆法廷は模擬裁判ではないのです。

現在の司法制度は「巨悪の悪行」を断罪しない運用です。「国会でいくらウソを言い続けても」「公務員が公文書を改竄し廃棄しても」「莫大利益を目論んで原発事故を引き起こしても」糾弾しない運用です。

「証拠を探し出そうとしない」で『証拠がないのです』と放任する運用です。賭け麻雀が発覚しなければ「かの人物」が検事総長になり非道不正の法運用を倍加したのです。

筆者は「悪行を為したる者を弾劾し断罪する民衆法廷」に、証人として出廷して『市民自治規範による悪行断罪の法論理』を証言しました。

そのときの映像がインターネットに流れていますのでご覧ください。
https://www.youtube.com/watch?v=9CToAeO175Y

6　テレビで「バトル対論」

２００１年６月、札幌テレビ局の企画で25の業界代表の方々と日曜対論を行った。様々な業界の課題を聴くことができ有益な楽しき体験であった。

1　北海道大学学長
2　日本航空女性管理職
3　雪印ホッケー主将
4　エアドゥ（北海道航空）社長
5　北海道中小企業家同友会代表理事
6　ラルズ（スーパーマーケットチェーン）社長
7　小学校教師（父と娘の対話）
8　介護を受ける人の服飾デザイナー

9　在札幌ロシア連邦総領事
10　日本ダルク（薬品依存症救出）代表
11　精神科医師
12　温泉博士
13　食材コーディネーター
14　北海道土産品会長
15　加森観光グループ社長
16　外食産業アレフ社長
17　ドンキー食品社長
18　北海道ワイン（小樽観光）社長
19　JR北海道社長
20　グラジア感染症医師
21　智恵子探偵局・探偵長
22　スキーヤー・三浦雄一郎
23　北海道庁改革担当参事
24　奈井江町長
25　北洋銀行会長

映像を例示します。

https://www.youtube.com/watch?v=tdhFwCXoEHA&t=51s

北大学長 丹保憲仁

以上は（町内会サロン）での話である。

7　自治基本条例

・自治基本条例とは、選挙で当選した首長と議員が「当選さえすればこっちのものだ」と「身勝手な言動をさせない」ための自治体の最高規範である。
２０１０年代に憲法（のようなもの）を制定する動きが、自治体に始まった。自治体は戦後60年の市民自治の成果として最高規範条例を制定する段階に至ったのである。

・すなわち、国の憲法には国政に携わる者の権限行使に枠を定める最高法規がある。
自治体の自治基本条例は、住民から代表権限を信託された首長と議員の権限行使に枠を定める最高規範である。「最高法規」「最高規範」は立憲制の政治制度である。

・ところが、自治基本条例の制定を通常の条例制定と同様に「首長と議会で制定できる」「住民は基本条例の制定に関与しなくてよい」とする言説が出現した。

しかしながら、一方で自治基本条例を自治体の憲法であると解説しながら、他方で基本条例の制定に住民は関与しなくてよいとするのは矛盾論理である。これは基本条例の制定を安易に誘導しようとする学者の安直思考である。

・さらにまた首長部局とは別に、議会が独自に議会基本条例を制定することを推奨する言説も現れた。しかしながら、そのような議会基本条例は「議会の自己規律の定書き」であって自治体の最高規範条例ではない。

・自治基本条例の制定は市民自治社会への重要な節目であるのだから、安直な制定手続きで「一過性の流行現象」にしてはならない。筆者の所見を「時事通信社・地方行政（2010年11月1日号）」に掲載した。（特に14頁のⅡ議会改革と自治基本条例をご覧下さい。）

特集　北海道自治体学会・地域フォーラムから

議会改革と住民自治

市民と議員の考え方の違いが鮮明に

森　啓
NPO法人自治体政策研究所理事長
もり・けい　中央大法学部卒、神奈川県庁入り。退職後、北海道大法学部教授（公共政策論）、北海学園大法学部教授（自治体学）などを経てNPO法人自治体政策研究所理事長

北海道自治体学会は10月16日、地域フォーラムを大沼国際セミナーハウス（亀田郡七飯町）で開催した。フォーラムでは、「新幹線時代の地域づくり」（藻谷浩介・日本政策投資銀行参事役）と題する基調講演に続き、第1分科会「新幹線時代にどう立ち向かうか」、第2分科会「平成の市町村合併の考察」、第3分科会「議会改革と住民自治」に分かれて活発な議論が交わされた。本稿では、このうち第3分科会の模様を報告する。

◇

〔論点〕開かれた議会とは、議会改革のキーパーソンとは、住民の直接選挙で選ばれた議員にとって住民自治とはどう考えるか。

〔コーディネーター〕森　啓

〔パネラー〕見付宗弥（函館市議会議員）
石堂一志（福島町議会事務局長）
黒田勝幸（森町議会議員）

前半は「議会改革」、後半は「自治基本条例」がテーマで、市民と議員の考え方の違いが鮮明になる討論となった。

Ⅰ　議会改革の論点

行政不信と議会不信

議員は当選すると「白紙委任」をされたかのように身勝手に行動し、市民は選挙の翌日から「陳情・請願の立場」に逆転する。その結果、議会不信になり、議会不要論の声さえ出ている。

北海道議会は、質問と答弁を事前に協議する答弁調整を、本会議でも委員会でも続けており、世間から「まるで学芸会」だと批判されている。

「道議会も市議会も年収2000万円にふさわしい議員活動をしているのか」との批判も出た。

道庁も市役所も、課長以上の幹部職員は2年で異動となり、腰を据えて仕事をする人事になっていない。「職務よりも昇進」の人事制度になっている。だが、知事も市長もその状態を改めようとはしない。

職員は「上役の意向」を忖度《そんたく》して仕事をしており、「どちらを向いて仕事しているのか」との批判が根強くある。これらが行政不信・議会不信の根源にある。これでは、市民参加のまちづくりにはほど遠い。

信頼関係を取り戻そうということで今、全国に自治基本条例の制定が広がっている。北海道も札幌市も自治基本条例を制定した。だが、何も改まっていない。それは、役所だけで制定した道民不在、市民不在の基本条例だからである。

議員不信と議員特権

議員は、選挙が終わると「異なる世界」の人になる。新人議員も次第に化身する。議員になる前には「改めるべきだ」と言っていた議会改革の問題点も、「二枚舌の思考回路」で正当化して弁護

するようになる。初心を堅持する議員も存在するが、例外的少数である。

大抵の議員は有形無形の不利益・圧力に妥協してに変身する。変身するのは、（議員になってみれば分かることのようだが）長年の慣例が形成してきた議員特権に取り込まれるからである。

討論では「議員を稼業とする人は必要なのか」「市民感覚のある普通の市民でよいではないか」と、問題提起がなされた。ほとんど何も活動しない議員が世間並み以上の年収を得ているのは妥当なのかとの疑問も出た。ちなみに、札幌市議会と北海道議会は２０００万円を超える所得である。

議会開催を休日と夕刻に

自治体議員のほとんどは高齢の男性議員である。女性議員は極めて少ない。年代も性別も職業も、議会は地域を代表していない。住民代表議会とは言えないのが実態である。

子育て中の年代の人は、議会開催日が平日だから当選しても議員は勤まらない。議会開催を夕刻と休日にしなければ、家計を担う立場の人は立候補できない。家計収入の働きの後の時間で議員活動ができる制度に改めなくてはならない。

この制度改正は議会で決議すればできるのだ。ところが、現在の議員が特権を守るために改めない。これでは議会不信は高まり、議会不要論は増大するばかりである。

女性議員を増やすのは、女性の全有権者が（しばらくの間は）女性候補者に投票すればダントツで当選する。そうすれば、次の選挙で女性候補者が増えて、再び全員が上位当選する。かくして「フィンランド議会」や「ルワンダの議会」のように半数は女性議員になるとの意見も出された。

議員の数と報酬

討論では、議員定数と議員報酬にも多くの意見が出た。

全国的に「痛みを共にして」の言い方で、議会が議員定数を減らしているが、「議員の数を減らす」のではなく「議会不信と議員特権を改める」ことである。議員の数が減るのを喜ぶのは首長と幹部職員である。定数減は議会の監視力を弱めるのだ。監視力低下のツケは住民に還ってくる。

住民が定数減に賛同するのは議会不信が根底にあるからだが、それは浅慮である。経費のことを言うのならば議員報酬を日当制に改めることだ。

この意見に、議員から「日当制では人材が集まらない」「成り手がいなくなる」との見解が述べられた。これに対し、「現在の議員活動がそれに見合ったものと言えるだろうか」「議員不信の原因は何かを考えるべきだ」と、厳しい反論が出た。

北海道議会は定数１０６名で札幌市内選出の道会議員は28名である。

「政令市は府県並の権限だから、札幌市域は各区1人でよい」「人口割定数に合理性はないのだ」「その分を過疎地域に割り振るのもよい」との意見が開陳され、出席者全員が賛同した。

現代は「ＮＰＯ活動の市民感覚」が「議員特権の議員感覚」を超えている社会である。「市民感覚のあるアマチュア議員でよいではないか」の意見が多数であった。

政務調査費

政務調査費についても議員と市民の意見が分かれた。

政務調査費は実費なのだから、全員に同じ額を前渡しするのは「公金詐欺取得」になる。現に裁判になっている。調査活動の実費が必要であるのならば、現在の全額前渡しのやり方をやめて、事後に証票を添付して請求する制度に改めることである。

なぜ、その改正に議員は反対をするのか。事後請求を「面倒だ」などの理由で賛成を拒むのは、公金への感覚麻痺《まひ》である。

まちを愛する普通の市民が議員になれる制度に改めることだ。そのためにも議会開催を休日と夕刻にして、普通の人が立候補できる制度に改めるべきだ。このような意見が議論の大勢であった。

有権者も「目先利益の住民」から「公共性の意識で行動する市民」へと自身を成熟させねばならないとの見解も述べられた。

議会の会派

会派とは、議長、副議長、常任委員長などの議会の役職配分を獲得するための「集まり」である。政策会派は名ばかりで、その実態は便宜と利害の集まりである。

会派の害悪の第一は、会派決定で議員の評決行動を拘束することである。

そもそも、議員の評決権は議員固有の権利であり責務である。議員はそれぞれが選挙で所見を披歴し有権者と信託契約を結んだのである。会派決定に縛られるのは、有権者に対する背信行為である。

会派を超えて議案ごとに連携し評決するのが、議員本来の責務である。

与党と野党

中央政治の政党系列を自治体議会に持ち込むのは間違いである。自治体議会は議院内閣制の国会とは制度原理が異なるのだ。

自治体は二元代表制の機関対立制度であるから、自治体議会に与党・野党が存在してはならない。議会の全体が執行部と向かい合うのが自治体議会である。「与党だから批判質問はしない」というのは、制度無智であり有権者への背信である。オール与党のなれ合いも感情的対立も議会制度の自殺行為である。鹿児島県阿久根市、北海道森町では、首長が住民の議会不信に便乗して議会と対立し、騒動を起こした。

さらには、機関対立を意図的に誤認して、「独りよがり」の議会基本条例の制定が広がっている。異常な事態の流行である。

議会の慣例

諸悪の根源は因循姑息《いんじゅんこそく》の議会慣例にある。先例・慣例が議会不信の根源である。今や自治体議会は「不信」の代名詞になっている。議会ほど信用されていないものはないとさえ言われている。その原因は因循姑息な議会の慣例にある。議会改革の第一歩は議会の慣例を市民感覚で見直すことである。

II　議会改革と自治基本条例

選挙は信頼委託契約

選挙は白紙委任ではない。代表権限を信託する契約である。

首長と議会の代表権限の行使運営が逸脱しないように枠を定めるのが基本条例である。基本条例は自治体の憲法であると説明される。

憲法は権力の行使に枠を定める最高規範（憲法98条）。これが近代立憲制の民主政治の制度理論である。

自治基本条例には次のような事項を定める。

①市民自治の理念を明示する
②説明責任―決定した役職者に責任回避をさせない
③情報公開―重要な判断資料を秘匿させない
④全有権者投票―地域の将来に係る重大なことは四年任期の首長と議会だけで決めないで、全有権者の意向を事前に聴く
⑤自治分権―中央省庁（官僚）の意のままにならない
・自治体立法権
・自治体行政権
・自治体国法解釈権

これらを定めておくのが自治基本条例である。

まちづくり基本条例と自治基本条例

まちづくり基本条例と自治基本条例を混同してはならない。

●まちづくり基本条例の制定権限

環境基本条例、福祉基本条例、交通安全基本条例、災害防止基本条例などのまちづくり基本条例の制定権限は首長と議会にある。選挙（信託契約）で市民が託したからである。

●自治基本条例の制定主体

自治基本条例は「代表権限の行使に枠を定める」最高規範であるから、制定主体は市民でなくてはならない。首長と議会は基本条例を遵守する立場である。自治基本条例の制定権限は首長と議会に信託されていない。

有権者市民が合意決裁をする（有権者投票をする）ことによって、「わがまちの最高規範を自分たちがかかわって制定したのだ」との最高規範意識が人々の心に芽生える。この芽生えが市民自治

社会には不可欠重要である。

流行現象への危惧

１９７０年代から情報公開制度や政策評価制度、市民参加制度、オンブズパーソン制度などの市民自治制度が次々と制定された。だが、どれも役立っていない。死屍累々《ししるいるい》である。そして今度は、基本条例の制定が流行現象になっている。

それは「基本条例の制定は通常の条例制定手続きでよい」「首長と議会で決めればよい」「市民は制定にかかわらなくてよい」とする学者の安直な言説で流行しているのだ。

安直な制定を推奨する学者は、市民自治制度が形骸化したのはなぜか、を真剣に考えるべきである。「言葉が広がれば一歩前進だ」ではないのである。

自治基本条例を機能させる担保力は「市民の規範意識」である。最高規範条例の創出が簡単にできるはずがないではないか。

学者の理論責任

重大な問題は、自治基本条例の制定という「市民自治社会への重大な節目」を「無意味な流行現象」にしていることである。歳月が経過すれば「一過性の流行」で終わり、基本条例は忘れ去られるであろう。

推測するに、現在の地方自治法は「条例制定は首長が提案し議会が議決する」と定めているから、この定めと異なれば「違法の条例だ」と総務省から批判される。「それは避けなくてはならない」と考えた。だが、他方では「基本条例を最高規範条例である」と主張したい。そこで「条例文言にそう書けばよいのだ」と考えたのであろう。その考え方を「現状追随の安直思考」というのである。

そこには、最高規範を創り出さんとする規範意思が欠落している。

おそらくは、規範論理、実践論理、規範概念、批判的思考の意味も理解できないのであろう。それでいて市民自治、信託理論、自治体改革を口にするのは撞着《どうちゃく》である。自治体の憲法、最高規範条例を言説するのは不誠実である。

学者は、自らの矛盾論理と安直思考に気付くべきである。一方で「自治基本条例は自治体の憲法である」と説明し、他方で「基本条例の制定は通常の条例制定手続でよい」とする。それは矛盾論理である。

「新しいことを言説」し「新しい制度を提案」すれば、それで世の中が動くと考える。それを「学者の安直思考」というのである。

市民自治の政治制度を創出するための自治基本条例の制定であるのだ。通常の条例制定の手続でよいとするのは誤りである。

なぜ一歩前に出る実践論理を構想しないのか。なぜ「代表権限の逸脱を制御する基本条例」の制定に市民はかかわらないのか。なぜ市民の合意決裁を不必要と考えるのか。

市民自治の規範意識を地域に醸成する機会を重視しないのはなぜか。

学者の存在意味は「理論構想力」にある。「理論構成」が学者の公共社会における役割である。そもそも、市民自治も基本条例も規範概念である。

「規範概念による規範論理」を透徹せずして基本条例の安直な制定を誘導したことが今日の事態の原因である。この事態は全国各地の学者の責任である。その条は市町村合併で演じた学者の心底と同様である。

地方自治法は準則法

70年代に神奈川県で情報公開条例を制定したとき、何ら法律規定の有無を顧慮することなく、県行政への県民参加を実現すべく思考を働かせた。

また、そのころの革新自治体は宅地の乱開発に対処する宅地開発指導要綱を定めて地域社会を守った。そのとき、自治省、建設省、通産省（いずれも当時）の官僚は「権限なき行政」と非難攻撃した。それに対し、自治体は「国の出先機関にあらずして市民自治の政府である」と規範論理を透徹した。

福島県矢祭町は、自治法規定に顧慮することなく議員報酬を日当制に改めた。地方自治法はＧＨＱ占領軍の間接統治の隙間に内務官僚が作った明治憲法感覚の法律である。だから現在では、地方自治法は自治体の上位法ではない。自治体運営の「準則法」である、と考えるのが正当である。

自治基本条例は自治体立法権、自治体行政権、国法解釈権を「市民自治規範」として定めるのである。省庁官僚の非難を怖れて市民自治制度を論ずるのは「矛盾撞着の戯画」である。

自治体の成熟

自治体が最高規範条例を制定するのは「自治体が成熟した」からだ。

民主党の「地域主権」の言い方（理論的には誤り）に、多くの人々が疑問を呈さないのは、市民自治の理念に納得し共感するからであろう。

つまりそれは、現憲法での65年の自治制度の実績が「中央集権の地方公共団体」を「自治分権の自治体」に成熟させているからである。この市民自治の進展を後退させてはならない。市民自治の蓄積充実を誤ってはならない。

北海道奈井江町では、２００５年の合併騒動のとき町長と議会が呼吸を合わせ、全所帯に「公正な判断資料」を何度も配布して説明会を開き、町民投票を実施した。小学校5年生以上が投票を行った（投票箱は別）。

降ってわいた合併騒動を「自治意識を高める機会」にしたのである。

みんなで「わが町の将来」を考えたのである。これが自治体のあるべき姿である。ここに市民自治の蓄積がある。

安直な議会基本条例の制定が大流行になっている。この異常事態は北海道栗山町議会基本条例がきっかけである。

栗山町議会基本条例

栗山町議会基本条例は議員職責を自覚した高い倫理感に基づく1歩も2歩も進んだ内容である。だが、次の「二つの根本的欠陥」がある。

一つは制定手続

栗山町議会基本条例は有権者町民が合意決裁したものではない。だから「基本条例」とはいえない。これはいわば「議会が定めた自己規律の定書」である。代表権限の行使運営の逸脱を制御する最高規範条例ではない。

栗山町議会は説明会を開き町民の賛同を得る努力はしたが、「町民投票による合意決裁」を得てはいない。だから、町の人々には「わが町の最高規範条例を自分たちがかかわって制定した」との規範意識が醸成されていない。

栗山町の議会基本条例は通常の条例制定手続で制定したものである。

しかしながら、基本条例は代表権限の行使に枠を定める最高規範条例である。制定当事者は有権者市民でなくてはならない。首長と議会は基本条例を順守する立場である。

通常の条例の制定権限は、信託契約によって首長と議会に託されている。だが、代表権限の逸脱を制御する最高規範条例の制定権限は託されていないのである。

二つ目の欠陥

なぜ、栗山町は自治基本条例でなくて議会基本条例なのか。どうして議会が突出して、あたかも「独りよがり」のように、「これ見よがし」のように議会基本条例を議決したのであろうか。

自治基本条例には、行政基本条例と議会基本条例がそれぞれ別にあってよいと考えるのは（説明するのは）、まことに奇妙な理屈である。

自治体は二元代表制度といって、首長と議会が一体の制度である。「緊張関係で運営される」のが望ましいが、別々に基本条例を制定するのは正当とはいえない。何かよほど特別な事情があって、まずは議会基本条例を制定して、町長部局の基本条例が成案になれば、その時点で自治基本条例として合体する。そのようなことも例外として考えられないこともないが、しかし、やはり不自然で不合理である。議会基本条例の制定を「進める議員」と「薦める学者」の心底は評価できるものではない。

優れた栗山町議会であるのだから、町長部局と手を携えて栗山町自治基本条例の制定をなぜ目指さなかったのであろうか。

栗山町の議会基本条例の出現によって、実に安直な議会基本条例の独り歩きが大流行となって全国に広がっているのである。栗山町の制定方式が「良いモデル」のように流行するのは異常である。それを推奨するがごとき言説は誤りである。

8　ＮＰＯ法人自治体政策研究所

大学で学生に講義をする生業《なりわい》は終わったが、研究活動を続けるために「ＮＰＯ法人自治体政策研究所」を設立した。

夕張再生支援

・ＮＰＯ法人自治体政策研究所の最初の活動は財政破綻した夕張市の再生支援であった。
夕張市は、２００７年３月、財政再建団体に指定され総務省の管理下に置かれた。

総務省の考える「夕張再生」は「３５３億円の債務額を18年間で返済する」である。だがそれは、「債務償還」であって「夕張再生」ではない。

しかも、その債務総額353億円は、北海道庁が「みずほ銀行」などの債権者に、全額立替払いをして確定した債務額である。

・経済社会の通常では、返済不能になった「不良債権の処理」は、債権者会議の場で「何割かの債権放棄と返済保証の協議」がなされるのが通常である。
財政破綻が見えていた夕張市に多額の融資を行った金融機関にも責任があるのだから、北海道庁が為すべきは「債権者会議を設ける」ことである。だが、総務省と北海道庁は「夕張市民の生活」よりも「金融機関の債権保護」を重視したのである。

・財政破綻後に就任した藤倉市長は「夕張の体力では10年間で100億円の返済が限界」と懸念を表明した。総務省と北海道庁は「その発言を続けるのなら支援をしない」と脅して市長の発言を封殺した。
しかしながら「夕張再生計画」は「夕張市民の生活が成り立つ」ことが基本になくてはならない。総務省の「債務返済計画」では夕張市民の生活が成り立たない。

・夕張市は市外への人口流失が続いていた。2006年6月－1万3千165人、2007年

4月－1万2千552人、2008年4月－1万1千998人。

そして、公共施設の指定管理者が管理運営を返上して市民生活が困難になり、市営住宅の修繕もできない状態になり、職員給与は全国最低で職員数が減少して業務負担が増大していた。

・さらにまた、総務省職員が夕張再生室長に就任して、全国からの1億円を超える寄付金（黄色いハンカチ基金）の使途も掌握して、夕張市長の財政権限を極度に制約したのである。

・NPO法人自治体政策研究所は、「夕張再生室」は「債務償還の管理」であるから名称を「債務償還管理室」に改め、新たに「夕張再生市民室」を新設して室長を任命し、市民室に市長が委嘱する市民を行政職員として加えることが「夕張再生を可能にする」と、夕張市長に献策した。

市民行政

・NPO法人の二つ目の活動は「市民行政」の考え方を構想し提起したことである。

現代社会の公共課題は統治行政では解決できない。公務員だけでは解決・実現できない。

行政職員と市民の「信頼関係を基にした協働」が伴わなければ解決できない。各地のまちづくりの実例がそのことを実証している。

・夕張再生には「市民と行政の協働」が不可欠なのだが、「市役所不信」が市民の側に堆積している。市民が行政の内側に入って「行政事務」を担うことが信頼回復に必要であった。

・そこで、行政職員には、首長が任期内に委嘱した「市民の行政職員」と「公務員の行政職員」の二種類の行政職員が存在すると考える。

つまり、「市民参加」とは、市民が行政機構の外から行政を批判し参画することであり、「市民行政」とは、市民が行政機構の内部で日常的に「行政事務」に携わることである。

・国家学の学者は「行政事務は公務である」「公務は公務員身分を有する者が行う」と考えるから、「市民行政の概念」が理解できず忌避する。だが、公務員の「身分」がなければ、行政事務を担えないと考えるのは、「国家が国民を統治する」と考える誤った考え方である。

公務とは何か

・公務は「統治事務」ではない。「公共事務」である。
行政事務は「統治事務」ではなく「自治事務」である。
自治とは「それぞれ」「マチマチ」ということである。
自治体運営は「地域の人々の自由で創造的な運営」でなくてはならない。
地方自治法は自治体運営を画一的に統制し規律する国家法であってはならない。
・地方自治法は自治体運営の準則法である。地方公務員法も準則法である。
これが自治体学理論である。自治体学理論は実践理論である。

優れた市民行政の実例

北海道ニセコ町では、２００８年から町立図書館の運営を町民が担っている。

町民が担うに至った経緯は、役場の前に道路を挟んでニセコ郵便局があった。２００８年にその郵便局が別の場所に移転することになったので、町が建物を譲り受けて町立図書館にした。そのとき町民から、「運営一切をやりたい」の要望があって町民に委託した。

以来5年間、役場職員(公務員)が運営するよりもはるかに好評で、何の問題も起きていない。

「市民行政を考える」公開政策研究会

・NPO法人自治体政策研究所は、2011年11月18日「市民行政を考える公開政策研究会」を北海学園大学で開催した。

出席していた片山健也ニセコ町長は、『あのとき役場職員を入れなかったのが成功の要因であった。一人でも公務員職員が運営に加わっていたならば、「これは教育長の意見を聴かなくてはいけない」「この本を買うのは役場の許可を得なくてはならない」「こういうイベントは前例がない」などのことが始まっていたと思います』『現在は「子どもの遊び場」にもなり「高齢の皆さんのたまり場」にもなっていて、実に自由な図書館運営になっています。役場がなんでもやる時代は終わっていると思います』と語りました。

市民行政の良き実際例です。因みに「あそぶっく」とは「Bookと遊楽する」の意。

(北海学園大学開発研究所2011年度研究記録集61頁)

「自治体政策研究所」のブログは、http://jichitaiseisaku.blog.fc2.com/

(法人は解散しましたが、ブログ左覧の「政治不信の解消策を探る」「シンポジュウムのあり方」などの講座や提言をご覧ください)

9　市民学習講座──さっぽろ自由学校「遊」

・民主主義を維持継続するには「市民の批判的思考力」が不可欠である。不正義な政治を糾すには「市民の批判的思考力」を高めなくてはならない。批判的思考力を高めるには市民学習が不可欠必要である。

学生に講義する生業が終ったので全力を市民学習に集中しようと考えた。

・札幌に、「さっぽろ自由学校（遊）」という全国でもユニークな市民学習団体が在った。その自由学校に、市民講座を企画して提案した。２０１４年から２０１８年までの５年間、毎月一回の市民講座を継続開講した。

講座の準備ため殆ど連日、近所の茶房に通って考えた。講座内容は左記のとおりである。

（講師謝金は「自由学校（遊）」に全てカンパした）

（講座を継続開催したのは自分自身の思考力減退を防ぐためでもあった）

2015年前期　全5回　松下圭一『市民自治の憲法理論』を読む

市民自治とは何か

～民主主義の理論・松下圭一を読む～

市民自治とは民主主義の理論である。国民の運命に関わる重大なことを、政府が秘密にして、それを知ろうとすると「懲役10年」の刑罰にする「秘密保護法」、日本が攻撃されていなくても、同盟国が戦争を始めると、攻撃されたとして自衛隊を参戦させる「集団的自衛権」など、「安倍内閣の暴走」を止める論拠を見出すために松下圭一を読む。

●5月13日（水）開講　全5回　水曜18:45～20:45
●会　場　さっぽろ自由学校「遊」（愛生舘ビル6F）
●受講料　一般5,000円　会員4,000円　ユース2,000円 ※ユース：25歳以下
　　　　（単発　一般1,500円　会員1,000円　ユース500円）
●講　師　森　啓（もり　けい）
中央大学法学部卒、神奈川県自治総合研究センター研究部長、北海道大学法学部教授を経て、現在・北海学園大学法科大学院講師。自治体政策研究所理事長。主な著作『文化行政』『自治体の政策形成力』『文化の見えるまち』『新自治体学入門』。（詳細はブログ「自治体学」http://jichitaigaku.blog75.fc2.com/ を参照）
●テキスト
『市民自治の憲法理論』（岩波新書、1975)、『日本の自治・分権』（岩波新書、1996)、『政治・行政の考え方』（岩波新書、1998）いずれも松下圭一著。
※テキストには絶版になっているものがあります。お持ちでない方は、こちらで一括購入（中古品を含む）したいと思いますので、講座お申込の際に「テキスト希望」の旨をお知らせください。
（テキスト代は別途お支払いいただきます）
●参考書
『戦後政治の歴史と思想』（ちくま学芸文庫、1994)、『ロック『市民政府論』を読む』（岩波現代文庫、2014)、『政策型思考と政治』（東大出版会、1991）以上、松下圭一著。大塚信一『松下圭一　日本を変える』（トランスビュー、2014)

5月13日（水）　第1回

日本の憲法理論

憲法は1946年、天皇主権から国民主権の憲法に変わった。だが「国家統治の憲法理論」は変わらなかった。今も大学では「国家統治」を講義している。なぜであろうか。なぜ戦前の国家理論が続いているのかを考察する。それは憲法前文に「政府の行為によって再び戦争の惨禍が起ることのないようにすることを決意して憲法を確定した」私たちの責務である。民主主義は「国家が国民を統治支配する」ではない。

6月3日（水）　第2回

国家統治と市民自治

「国家」の言葉は、権力の場に在る人達の「隠れ蓑」である。「騙しの言葉」である。「国家が国民を統治支配する」ではなくて、「国民が政府を制御し交代させる」のである。「国民」の語は、曖昧な「国家三要素説」によって「国家の一要素」にされるから、暫くは使わないのが賢明。「国家」でなく「政府」「国民」でなく「市民」で考える。思考の道具は「言葉」である。

7月1日（水）　第3回

市民の成熟

民主主義の政治主体は人々（People）である。自由で平等な「市民」が「政治主体」である。「市民」とは。「市民」と「住民」の違い。臣民・臣民、国民、人民、常民、平民、住民、市民、大衆、民衆。

7月29日（水）　第4回

市民政府の理論

自治体とは役所のことか、札幌市と札幌市役所は同じ意味か。自治体学は「政府」と「市民」の理論、市民自治の「政府信託理論」である。　選挙の翌日、市民は「陳情・請願の立場」に逆転する。国家学は、その「理論と制度」を批判しない。国家学と自治体学。

9月2日（水）　第5回

民主政治の条件

人類史の二回目の大転換－都市型社会の成立。市民社会の成熟。「知っている」と「分かっている」の違い。
（講座参加者による討論）

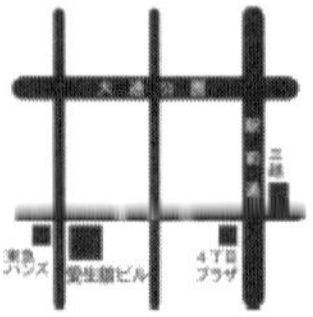

後援　札幌市

【講座会場】（お申込・お問合せ先）
NPO法人さっぽろ自由学校「遊」
〒060-0061　札幌市中央区南1条西5丁目愛生舘ビル6F
TEL.011-252-6752　FAX.011-252-6751　syu@sapporoyu.org

2015 年後期　全 6 回　松下圭一『成熟と洗練―日本再構築ノート』を読む

自由学校 遊

松下圭一著
『成熟と洗練―日本再構築ノート』を読む

前期開講の「市民自治とは何か～民主主義の理論・松下圭一を読む～」に引き続き、後期は松下圭一さんのエッセイ集「成熟と洗練―日本再構築ノート」を読み込みます。2006 年ごろから東日本大震災を挟んだ 2012 年まで、松下さんが日本の政治・社会が直面する時々の課題を、友人・知人、後輩と論議したスタイルになっています。憲法、労働問題、官僚制度、地方自治、震災対策…と取り上げるテーマは多彩です。そこにうかがえるのは松下さんのいう「転形期」にある日本社会の姿です。これらに対し、松下さんの長年培った学識、豊富な社会経験を踏まえた「松下学」の精髄が綴られています。松下さんは今年 5 月他界されましたが、まさに遺言の書といったところです。前期に松下理論の根幹を解説していただいた森啓さんに再びコメンテーターとして、レポーターを補足してもらいます。「松下学」を学ぶとともに、課題解決の糸口を論議する講座です。

●１０月１４日（水）開講　全6回 月1回水曜 18:45 ～ 20:45
10/14，11/11，12/9，1/13，2/10，3/9
●会　場　さっぽろ自由学校「遊」（愛生舘ビル６Ｆ 604）
●受講料　一般 5,000 円　会員 4,000 円　ユース 2,000 円　（単発　一律 1,000 円）
●コメンテーター　森　啓（もり けい）
中央大学法学部卒、神奈川県自治総合研究センター研究部長、北海道大学法学部教授を経て、現在・北海学園大学法科大学院講師。自治体政策研究所 理事長。

（詳細はブログ「自治体学」http://jichitaigaku.blog75.fc2.com/ を参照）
●テキスト 松下圭一著『成熟と洗練―日本再構築ノート』（公人の友社、2012 年）2,700 円
※テキストは各自ご用意ください。

2016年前期　全5回　松下圭一『ロック市民政府論を読む』を読む

自由学校 遊

松下圭一
「ロック『市民政府論』を読む 」（岩波現代文庫）を読む

71年前、日本中が焼け野原になり食べる物も無くなり「二度と戦争はしない」と覚悟して憲法を定めた。憲法は民主主義になったが「民主主義」は根付いていない。国会で安倍首相はデタラメ答弁を繰返すが支持率は急落しない。この講座は「民主主義とは何か」を考える講座です。

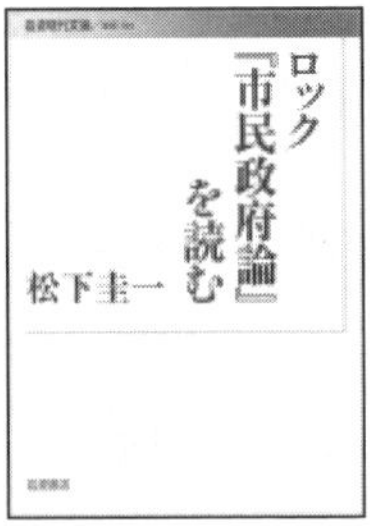

●6月1日（水）開講　全5回　水曜 18:45～20:45
●会　場　さっぽろ自由学校「遊」（愛生館ビル6Ｆ　604）
●受講料　一般5,000円　会員4,000円　ユース2,000円
（単発　一般1,500円　会員1,000円　ユース500円）
●講　師　森 啓（もり けい）
中央大学法学部卒、神奈川県自治総合研究センター研究部長、北海道大学法学部教授、現在・北海学園大学法科大学院講師。主な著作「文化の見えるまち」「新自治体学入門」「自治体学とはどのような学か」 詳細は http://jichitaigaku.blog75.fc2.com/ 参照。
●テキスト　松下圭一「ロック『市民政府論』を読む」（岩波現代文庫）
●参考書　松下圭一「市民自治の憲法理論」（岩波新書）
鵜飼信成「ロック・市民政府論」（岩波文庫）

6月1日（水）　第1回

市民政府の理論

『日本国憲法』を含めて世界各国の憲法は、資本主義・社会主義の体制を問わず、ロックの市民政府理論が原型になっています。「市民政府論」が「アメリカの独立宣言」「フランスの人権宣言」に甚大な影響を及ぼしたのです。市民政府理論が民主主義の政治理論です。

7月6日（水）　第2回

市民政府信託理論

民主主義は「国家の統治」ではない。「市民の自治・共和」です。市民は国家に統治される被治者ではないのです。民主政治は「市民が政府を選出し制御し交代させる」です。

8月3日（水）　第3回

市民社会の理論

すべて政治権力の源泉は 市民（People、Citizen） の同意です。政府の権限は市民が信託した権限です。「国家」は政治権力の主体ではない。「国家統治」は擬制の言説です。「擬制の言説」とは「本当は存在しないものを存在するかのように主張する」ことです。

9月7日（水）　第4回

市民自治の理論

市民自治とは「市民が政府を選出し制御し交代させる」です。選挙は白紙委任ではない、選挙は代表権限の信頼委託契約です。政府が代表権限を逸脱するときは「信託契約」を解除する。これが民主主義の政治理論です。

10月5日（水）　第5回

理論とは何か

理論には「説明理論」と「実践理論」の二つがあります。説明理論は現状を実証的・分析的に考察する説明理論です。実践理論は「何が課題で何が解決策であるか」を考える実践理論です。「知識として知っている」と「本当に分かっている」は同じでない。「人は経験に学ぶ」という格言の意味は「一歩踏み出し困難に遭遇して真実を知る」です。

後援　札幌市

【講座会場】
（お申込・お問合せ先）
ＮＰＯ法人さっぽろ自由学校「遊」
札幌市中央区南1条西5丁目 愛生館ビル6Ｆ
TEL.011-252-6752　FAX.011-252-6751
syu@sapporoyu.org

2016 年後期　全 5 回　松下圭一『政策型思考と政治』を読む

松下圭一
「市民自治の政治理論」を読む

今回テキストとする『政策型思考と政治』は「松下市民政治理論」の基本書です。第一章から第五章までを熟読して「市民政治理論」の基本論点を理解します。

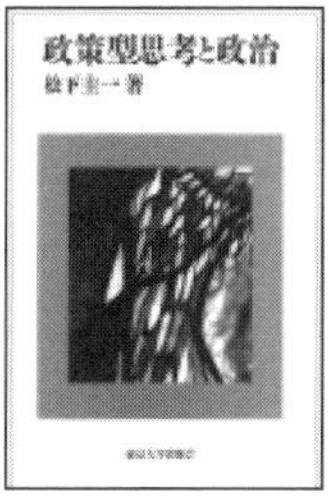

●１１月２日（水）開講　全５回　月１回水曜 18:45 ～ 20:45
●会　場　さっぽろ自由学校「遊」（愛生舘ビル６Ｆ　604）
●受講料　一般 5,000 円　会員 4,000 円　ユース 2,000 円
（単発　一般 1,500 円　会員 1,000 円　ユース 500 円）
●講　師　森啓（もりけい）
中央大学法学部卒、神奈川県自治総合研究センター研究部長、北海道大学法学部教授を経て、現在・北海学園大学法科大学院講師。主な著作「文化の見えるまち」「新自治体学入門」「自治体学とはどのような学か」。詳細は http://jichitaigaku.blog75.fc2.com/ 参照。
●テキスト　松下圭一『政策型思考と政治』(東大出版会)
※新刊 4.644 円であるが、アマゾン (amazon) 購入なら 500 円で古本入手できる。
希望者に代って入手も可。(森)

１１月２日（水）第１回

第一章　政治・政策と市民

現代社会は、水道も下水も、道路もバスも電車も、電気もガスも、つまり生活の全てが、(政策と制度) の網の目の中で営まれる。市民生活に直結する政策・制度を政府 (官僚) に任せておいたのでは「お上の政治」から脱却することはできない。
・「都市型社会」とはどのような社会か
・都市型社会 の「市民と政府の関係」を考える

１２月７日（水）第２回

第二章　都市型社会の政策

工業文明の発達進展で人々の「生活様式・生活意識」が平準化して、資本主義か社会主義かの (かつての) 体制選択が幻想であったことが明瞭になる。論点は官僚主導の政策・制度を如何にして市民制御に転換するかである。
・生活様式 (暮らし方) の平準化によって人々の政治意識はどう変わるのか
・都市型社会と男女平等社会はどのように関連するのか

1月１１日（水）第３回

第三章　「近代化」と政策の歴史

近代化とは (工業化と民主化) のことである。工業化が進展して前例なき公共課題 (大気汚染・河川汚濁・温暖化・都市景観・緑地減少・現代的貧困) が噴出して、[福祉政策・環境政策・都市政策] が必要不可欠になる。
・「シビルミニマム」とは何か、言葉が広がったのはなぜか
・前例なき公共課題の解決には「市民参加」が必要となる論拠を考える

2月８日（水）第４回

第四章　分権化・国際化・文化化

都市型社会が成熟して自治・共和型の「市民」が大量に醸成される。「国家」をめぐる問題状況も一変する。自治体が地方政府として自立する。
・住民と市民の違いを考察して討論する
・自治体が政府である理由と論拠を学ぶ

3月８日（水）第５回

第五章　日本の政策条件

ヨーロッパで 16 ～ 17 世紀に始まった近代の「ステート」を、日本では「国家」と翻訳して「国家統治の観念」をつくった。その「国家観念」は (絶対・無謬・包括) の官僚統治であった。しかしながら政府の権限は市民が信託 (契約) した権限である。
・国家法人理論と政府信託理論の違いを学ぶ。
・信託契約解除理論 (ロックの革命権理論) を考察する

2017年前期　全五回　松下圭一『市民自治の憲法理論』を読む

松下圭一
『市民自治の憲法理論』（岩波新書）を読む

本書は「憲法は、国家のものか市民のものか」と問い、「国家統治の観念」に「市民自治の理念」を対置して「憲法は市民自治の基本法であるのだ」と明快に論述した。本書が1975年9月に刊行されたとき「松下ショック」と言われた。かくて憲法理論と行政法理論は180度の転換が必要になった。だが学者は「国家観念」に疑念を抱くことも厳しく禁圧されており、さりとて誰も正面きって松下理論に反論もできなかった。だが市民は「ここに書いてあるとおりだ」と快哉して理解した。本書は松下市民政治理論の入門書である。

●5月24日（水）開講　全5回　月1回水曜 18:45 ～ 20:45
●会　場　さっぽろ自由学校「遊」（愛生舘ビル5F　501）
●受講料　一般 5,000円　会員 4,000円　ユース 2,000円（単発 1,000円　ユース 500円）
●講　師　森啓（もりけい）
中央大学法学部卒、神奈川県自治総合研究センター研究部長、北海道大学法学部教授、現在・北海学園大学法科大学院講師。主な著作「文化の見えるまち」「新自治体学入門」「自治体学とはどのような学か」。
詳細は http://jichitaigaku.blog75.fc2.com/　参照。
●テキスト　松下圭一『市民自治の憲法理論』岩波新書 (1975年、720円)

5月24日（水）　第1回
憲法と対立する法学的思考

戦後民主主義は、行政体質の革新をなさずして(旧来の行政論理のままで)、憲法理論・行政法理論を手直して啓蒙した。そのため(驚くべき)時代錯誤の官治型・集権型の理論構成になっている。

・憲法学者、行政法学者はなぜ松下理論(著作)を読まないことにしているのか
・行政法学の秘密とは ①行政機構の優越性、②行政法の段階構造 ③行政行為の公定性

6月21日（水）　第2回
分節政治システム—地方政府論

自民党の橋本竜太郎内閣のとき、菅直人議員が「憲法65条の内閣の行政権限は（どこからどこまでか)」と質問した。「内閣の（つまり国の）行政権限は憲法第八章の地方公共団体の権限を除いたものです」と、内閣法制局長官が答弁した。これが公式政府答弁である。すなわち、自治体は独自の行政権限を有しているのである。自治体行政を行うに必要な法規範を制定する権限も憲法によって保持しているのである。

・ところが、大学では「自治体立法権・自治体行政権・自治体解釈権」の講義をしていない。なぜであろうか。

7月19日（水）　第3回
国民主権と国家主権

日本はポツダム宣言を受諾して1946年に「新憲法」を制定した。しかしながら、帝国大学の学者が「国家統治」の観念から自由になることはできる筈もなかった。

・憲法は「天皇主権」から「国民主権」に変わった。ところが大学では今も「憲法とは国家統治の基本法である」と教説している。何故であろうか。
・学者は「国家主権」と「国民主権」曖昧に(意図的に)混同する。なぜであろうか。

8月23日（水）　第4回
国家法人理論と政府信託理論

大学の憲法講義は「国家」を統治主体と教説するがその「国家の観念」は曖昧である。なぜ日本の憲法理論(学会)は今も国家理論を踏襲するのか。主権者は国民 (People・Citizen) である。国民が政府を構成し代表権限を信託し制御するのである。これが民主主義の理論である。

・国民と市民と概念を明晰にしよう。
・市民と住民の違いを認識しよう。

9月20日（水）　第5回
自治体は地方政府—政府三分化

1970年代に「自治体の発見」ということが言われた。都市問題・公害問題の激化に伴って市民運動が台頭し革新自治体が簇生した。主権の所在は国家に非ず。市民が主権主体である。自治体は市民生活に身近な地方政府である。「国家理論」の呪縛から自らを解放するのが市民学習である。

NPO法人さっぽろ自由学校「遊」
〒060-0061 札幌市中央区南1条西5丁目
愛生舘ビル5F 501
TEL.011-252-6752　FAX.011-252-6751
syu@sapporoyu.org

2017 年後期 全 5 回　森 啓『新自治体学入門』を読む

自由学校 遊

市民自治

―現在日本は民主主義か

現在日本は民主主義と言えるであろうか。いつの時代も、権力の座についた者は「言葉で人々を騙す」。アメリカの（トランプ）と日本の（二枚舌安倍内閣）は同じである。安倍内閣は多数議席で秘密保護法（取材禁圧法）、安保法制（戦争法制）、共謀罪法（言論弾圧法）を強行議決し、メディアは内閣官房の監視干渉で腰の引けた報道を繰り返し、官僚は「文書は廃棄しました」「記憶にありません」を繰り返す。日本は民主主義と言えないではないか。

本講座は、民主主義に不可欠な市民自治の実践理論の習得を目指す。

- **１０月１８日（水）開講　全5回　月１回水曜 18:45 ～ 20:45**
- **会　場　さっぽろ自由学校「遊」（愛生舘ビル５F　501）**
- **受講料　一般 5,000 円　会員 4,000 円　ユース 2,000 円**
  （単発　1,000 円　ユース 500 円）
- **講　師　森 啓（もり けい）**
  中央大学法学部卒、神奈川県自治総合研究センター研究部長、北海道大学法学部教授、現在・北海学園大学法科大学院講師。主な著作「文化の見えるまち」「自治体学とはどのような学か」『自治体学の二十年・自治体学会の設立経緯』（公人の友社、2006 年）。詳細は http://jichitaigaku.blog75.fc2.com/　参照。
- **テキスト　森 啓『新自治体学入門』時事通信社（2008 年、2.300 円＝アマゾン 450 円）**

１０月１８日（水）　第1回

自治体

1）自治体とは役所（行政機構）のことか
2）自治体と地方公共団体は同じか
3）省庁は自治体の上級団体か
4）自治体には独自の立法権・行政権・国法解釈権があるか

１１月１５日（水）　第2回

市民と首長（知事、市長、町長、村長）

1）首長は当選すると（大人数の自治体は車で）役所に迎え入れられて役所側の人になる。
2）首長は選挙のときに言っていたこと（公約）を次第に実行しなくなる。なぜであろうか。
3）首長は庁内（行政内）を統括しているか、外ばかり見てはいないか
4）首長は（在任中のふるまい）と（退任後に言うこと）が異なるのは何故であろうか

１２月２０日（水）　第3回

市民と議員

1）議会は信用されているか
2）改めるべき議会改革の問題点は何か
3）議会の会派とは何か―会派の決定と議員の評決権
4）議会基本条例は議員だけで決定するものか

1月２４日（水）　第4回

市民と行政職員

1）市民と住民は同じか
2）自治体職員と地方公務員は同じか
3）市民と行政職員との連携・協働は可能か
4）職員が（無難に大過無く）になり（上司の意向を付度する）のはなぜか

2月２１日（水）　第5回

市民自治

1）市民自治と国家統治の違い
2）国民主権と国家主権の違い
3）市民と国民の違い
4）自治基本条例は（首長と議会）だけで制定するものか

【講座会場】
（お申込・お問合せ先）
ＮＰＯ法人 さっぽろ自由学校「遊」
〒060-0061　札幌市中央区南１条西５丁目
愛生舘ビル５Ｆ　501
TEL.011-252-6752　FAX.011-252-6751
syu@sapporoyu.org

2018年前期　全5回　現在日本は民主主義か

市民自治
—現在日本は民主主義か　Ⅱ

自由学校 遊

安部首相の国会答弁は、急所(重要なこと)を質問されると焦り「野次がウルサイ」とイライラして「訊かれていないこと」をベラベラ喋り質問者の持ち時間を浪費する。これが国民の運命をも決する人物であろうか。安部普三はアメリカ - トランプに同調して「北朝鮮への圧力」を言い続けているが、北朝鮮は「圧力」で「参りました - 核は止めます」と言う国であろうか。日本のなすべきは、南と北の対話・友好の気運を支援して「東アジアの平和」を求めることである。これが道筋である。日本の人々は賢明にならねばならぬ。本講座はその道筋を吟味し考察する。

- **5月16日（水）開講　全5回　月1回水曜18:45 ～ 20:45**
- **会　場　さっぽろ自由学校「遊」**（愛生館ビル5F　501）
- **受講料　一般5,000円　会員4,000円　ユース2,000円**
  （単発1,000円　ユース500円）
- **講　師　森啓**（もり けい）
  中央大学法学部卒、神奈川県自治総合研究センター研究部長、北海道大学法学部教授、現在・北海学園大学法科大学院講師。主な著作「文化の見えるまち」「自治体学とはどのような学か」『自治体学の二十年・自治体学会の設立経緯』（公人の友社、2006年)。詳細は http://jichitaigaku.blog75.fc2.com/　参照。
- **テキスト　森 啓『新自治体学入門』時事通信社**（2008年、2.300円+税 アマゾンで中古購入可)

5月16日（水）　第1回

北海道の道州制問題

1) 3.200を1.700に減らした市町村合併は
　どうであつたか
2) 道州制の意図(ネライ)は何か
3) 北海道の自立と沖縄の独立
　—北海道の四島返還と沖縄の米軍基地撤去
4) 北海道の役割—東アジアの友好平和

6月20日（水）　第2回

住民投票

1)「当選すればこっちのもの」にさせない市民の
　制御力と歯止め。
2) 自治体の憲法—市民自治基本条例
3) 代表権限の信託と信託解除権の発動
4) 常備型住民投票条例

7月18日（水）　第3回

対論：メディアと市民

●ゲスト　徃住 嘉文(とこすみ よしふみ)
日本ジャーナリスト会議北海道支部長

1) 新聞 - テレビは真実を報道しているか
2) 原発 - 基地問題とメディアの現状
3) 安倍政権のメディア操作—とりわけNHKニュース
4) メディアに騙されない市民の条件

8月22日（水）　第4回

自治体の政策能力

1) 自治体の独自政策の歴史(歩み)
2) 議員の政策能力
　—議員が市民活動に関わらないワケ(理由)
3) 町内会問題と市民自治
4) 市民の学習活動と自治体の政策形成

9月19日（水）　第5回

行政職員と市民

1) 市民は行政職員をどう見ているか
2) 市民の側の問題は何か
3) 行政の職員研修の現状
　—能吏の養成か自治体職員の誕生か
4) 職員と市民の協働—まちづくりの実例

【申込・問合せ先】
NPO法人さっぽろ自由学校「遊」
〒060-0061　札幌市中央区南1条西5丁目
愛生館ビル5F 501
TEL.011-252-6752　syu@sapporoyu.org

2018 年後期　全 5 回　役所文化の改革は可能か

自由学校 遊

行政文化の改革は可能か

文化の見えるまちとは「住んでいることが誇りに思えるまち」のことである。

文化は計量化できない価値であり目に見えるものでもない。見えない価値を保存し創出する営為が「文化の見えるまちづくり」である。自治体の存立意味は「文化の見えるまちをつくる」ことにある。「自治体」とは「行政」のことではない。自治体の主体は市民である。現在日本に必要なのは「考える力」である。「批判的思考力」である。

本講座は行政文化改革の道筋を吟味し考察する。

- **10月17日**（水）開講　全5回　月1回水曜 18:45 ～ 20:45
- **会　場**　さっぽろ自由学校「遊」（愛生館ビル 5F　501A）
- **受講料**　一般 5,000 円　会員 4,000 円　25 歳以下 2,000 円
（単発 1,000 円　25 歳以下 500 円）
- **講　師**　森 啓（もり けい）
中央大学法学部卒、神奈川県自治総合研究センター研究部長、北海道大学法学部教授、現在・北海学園大学法科大学院講師。主な著作「文化の見えるまち」「自治体学とはどのような学か」『自治体学の二十年・自治体学会の設立経緯』（公人の友社、2006 年）。詳細は http://jichitaigaku.blog75.fc2.com/　参照。
- **テキスト**　森 啓『文化の見えるまち』公人の友社 2009 年 -2.400 円 (著者割引購入 1.700 円)
(毎回、詳細レジュメを配布するーテキスト無くも受講は可)

10 月 17 日（水）　第 1 回

役所の文化改革

1) 無難に大過なくの役所文化
2) 上司意向の忖度と行政職員の職業倫理
3) 行政責任は不作為責任（為すべきことをしない責任）
4) 市民行政の実践

11 月 21 日（水）　第 2 回

公務員の考え方は如何にして変わるか

1) 公務員研修の実態
2) 公務の研修から一政策の研究開発へ
3) 行政職員の政策能力
4) 自治体学会の設立

12 月 19 日（水）　第 3 回

文化行政

1) 文化行政とは何か 何をすることか
2) 行政が文化を政策課題にしてよいのか
3)「文化の 1% システム」
4)「文化行政壁新聞」

1 月 23 日（水）　第 4 回

行政の文化化

1) 役所文化の改革は可能か
2) 行政の文化化とは
3) 改革は主体の自己革新一(自分自身が変わる)
4) 行政の文化化の実際例

2 月 20 日（水）　第 5 回

市民と行政の協働

1) 行政文書に氾濫した「協働」
2) 自己革新した行政職員と市民の信頼 - 協力
3) 自治体の政策自立一地方政府 (ローカルガヴァメント)
4) 説明理論と実践理論

【講座会場】（お申込・お問合せ先）

NPO法人さっぽろ自由学校「遊」
〒 060-0061　札幌市中央区南 1 条西 5 丁目愛生館ビル 5 F　501
TEL.011-252-6752　FAX.011-252-6751　syu@sapporoyu.org

10　自治体学理論

市民自治

「市民自治」とは、「市民が公共社会の主体であり公共社会を管理するために市民が政府をつくる」という意味である。

自治体学は「国家を統治主体と擬制する国家学理論」に対して「市民が政府を選出し制御し交代させる自治の主体である」と言明する。すなわち、「国家統治の観念」に「市民自治の理念」を対置するのである。

自治体学は「国家」ではなく「市民」から発想して理論を構成する。

「市民自治」は規範概念であるから、それを理解し納得するには、「国家統治の観念」に対置した「市民自治の理念」の明晰な所見が不可欠である。

例えば、「自治とは自己統治のことである」と説明されている。だがこの説明は「自治」が規範概念であることの意味が理解できていないのである。「統治」というのは「統治支配する主体」と「統治支配される被治者」を前提にする観念である。「自治」を説明するとき「統治」の言葉を用いるのは、「自治」を「統治」に対置した規範意味が「理解できていない」のである。「市民自治」は自治体学の規範概念である。

岩波新書『市民自治の憲法理論』（松下圭一）が出版されたのは１９７５年であった。それまでは「憲法は国家統治の基本法である」が通説であった。

この本は「国家統治の観念」に「市民自治の理念」を対置し「憲法は市民自治の基本法であるのだ」と明快に論述する。

かくて、憲法理論と行政法理論は一八〇度の転換が必要になったのだが、憲法学者も行政法学者も「国家統治の観念」から離れられない（学会で相手にされなくなる）ので「市民自治の信託理論」を容易に認めない。

だが、市民と自治体職員は自身の実践体験によって「市民自治の理論」を納得し理解する。

例えば、菅直人衆院議員は、著作『大臣』（岩波新書）に「私は市民自治の憲法理論で育った世代です」と書き、橋本内閣の時「憲法65条に規定する内閣の行政権の範囲はどこまでなのか」と国会で質問をして「憲法95条の地方公共団体の行政権を除いたものである」との公式政府答弁を引き出した。そしてその経緯を著作『大臣』に国会速記録を付して記述している。

筆者も学生のころは弁護士志望で司法試験の勉強をした。選択科目は行政法で、弘文堂から出ていた田中二郎『行政法』を熟読していたので、「市民自治の憲法理論」を読んだときは「目からウロコのショック」であった。このような経験を多くの人が語る。それが「市民自治の憲法理論」である。

自治体学には「経験的直観」と「総合的判断」による「未来予測力」が必要である。自治体学理論は「事態を事後的に実証分析する」説明理論ではない。「未来に目的を設定し現在条件を手段として操作する実践理論」である。実践理論であるから「主体鈍磨」と「状況追随思考」の蔓延は極めて重大な問題である。

国家法人理論と政府信託理論

明治の時、「State」を「国家」と翻訳した。しかしながら、「ステート」は「全国規模の政治・行政機構」の意味であって、今風に言えば「中央政府＝セントラルガバメント」である。「幽玄の国家」ではないのである。

「言葉」は「思考の道具」であるから、思考を明瞭にするには「概念」を明晰にしなくてはならない。

福田歓一氏（元日本政治学会理事長）は、一九八五年パリにおいて開催された政治学世界会議での報告で「われわれ政治学者は国家という言葉を使うことを慎むべきである」「規模と射程に応じて、地方政府、地域政府、全国政府と使いわけるのがよい」「人類の政治秩序の諸概念を再構築することが切実に必要であると信じる者として、過度に一九世紀の用語に囚われていることを告白しないではいられない」と述べた。（岩波（世界）一九八六年一月号）

ところが、国会議員と官僚は、現在も「国家観念」を言説し、「政治主体である市民」を「国家統治の客体」に置き換えている。「国家」を隠れ蓑にして「統治論理」を振り回すのである。「国家の観念」に「国民」を包含させるから(国家三要素説)、「国家責任」は「国民自身の責任」のようにもなって、国民の「政府責任」「官僚責任」追及の矛先をはぐらかすのである。

国家法人理論は、「国民主権」と「国家主権」を曖昧に混同させ、「政府」と「国家」の区別を混同させる理論である。

国家学は「国家統治」の「国家法人理論」である。自治体学は「市民自治」の「政府信託理論」である。政府信託理論は「市民」が「政府」をつくって代表権限を信託すると考える。

民主政治で重要なのは「政府責任の理論」「政府制御の理論」である。

〔政府信託理論〕

政府信託理論を要綱的に整理すれば次の通りである。

(1)市民は公共社会を管理するために政府(首長と議会)を選出して代表権限を信託する。信託は白紙委任ではない。政府の代表権限は信託された範囲内での権限である。

(2)市民は政府の代表権限の運営を市民活動によって日常的に制御する。住民投票は政府制御の一方式であって代表民主制度を否認するものではない。住民投票は政府の代表権限を正常な軌道に戻らせる市民の制御活動である。

(3)市民は政府の代表権限の運営が信頼委託の範囲を著しく逸脱したときには信託解除権を発動する。信託解除権とは解職（リコール）または選挙である。

七〇年代には「保守」「革新」の対立があった。そのころは「自治・分権・参加」は「革新の側」の用語であった。今は、保守・革新の別なく「市民参加」を口にする。知事も市長も町村長も省庁官僚すらも「分権」「自治」を言う。それはそれで良いのであるが、行政実態は「制度運営」も「行政手続き」も「統治行政」のままである。すなわち、言葉だけの革新理論である。「自身は何も変わらない」で「自治」「分権」「参加」を唱えているのである。

「統治行政」を「自治行政」に革新するには「主体の自己革新」が不可欠であるのだ。しかしながら、行政職員は「現状維持的安定」が「保身の価値軸」であるから「自己革新」は禁物である。自分自身は現状のままである。現状のままで「新しい言葉」を使うのである。そのため「市民自治」も「協働」も「内容空疎な言葉」となる。

これは学者も同様である。「新しい概念」を語り「新しい制度」を提案すれば「事態が変化する」と考える。自分自身に市民としての実践活動が欠落しているから「規範概念の意味」が理解できない。

例えば、首長も学者も、自治基本条例の制定手続きに「住民合意・住民決裁の手続き」は必要ではないと考える。「首長決裁と議会決議」だけで「市民自治制度」が創設できると考える。それは言葉だけの「市民自治」である。

認識理論が実践理論と相関していないのである。

実践理論

理論には「説明理論」と「実践理論」の二つがある。

「説明理論」は事象を事後的に客観的・実証的・分析的に考察して説明する理論である。

「実践理論」は未来に向かって課題を設定し解決方策を考え出す理論である。

実践理論は「何が課題で何が解決策であるか」を言葉で述べる。

「言葉で述べる」とは「経験的直観を言語化する」ことである。

歴史の一回性である実践を言語叙述することによって普遍認識に至るのである。

「経験的直観の言語化」は、困難を覚悟して一歩前に出た実践によって可能となる。大勢順応の自己保身者には経験的直観を言語化することはできない。人は体験しないことは分らないのである。「一歩踏み出した実践」による「自身の変革」なくして「課題と方策の言語叙述」はできない。「実践」と「認識」は相関するのである。

「知っている」と「分かっている」

「知識として知っている」と「本当に分かっている」は同じでない。「知識としての自治体理論」だけでは「実践の場面」で役に立たない。それでは、「知っている」が「分かっている」に転ずるのは、如何なる「すじみち」であろうか。社会生活の場で一歩踏み出せば「嫉妬・非難・左遷」に遭遇する。現状の継続に利益を得る陣営からの反撃に遭遇する。不利になり辛い立場になるから多くの人は「大勢順応」になり「状況追随思考」になる。だがしかし、一歩踏み出せば「壁を破って真相を見る」の体験をする。その体験が「分かる」に至る「すじみち」である。

知っている人と、分かっている人の違いは、「一歩前に出た体験」の違いである。

「人は経験に学ぶ」という格言の意味は、一歩踏み出し困難に遭遇して「経験的直観」を自身のものにすることである。

「分かる」とは実践を経て獲得した認識である。経験的直観とは「実践の概念認識」である。

松下理論の三つの骨格

[骨格の第一は「市民自治」である]

民主主義は市民が代表権限を政府に信託し、政府が逸脱するときは「信託契約を解除する」である。国家が国民を統治するのではない。人々（Citizen=People）が自治共和の主体である。

「国家」は擬制の観念である。擬制とは（存在しないことを存在するかの如く述べること）である。「国家の観念」は権力の座にある者の「隠れ蓑」「正体を隠す」コトバである。

「国家観念」の始まり

明治初年「国権か民権か」の自由民権運動が燎原の火の如く広がり、民選議会開設の要求運動が高まった。伊藤博文は急遽ドイツに赴いた。そのドイツは、イギリス市民革命・アメリカ独立革命・フランス市民革命に驚愕したドイツ皇帝が「立憲君主制の憲法」で専制支配を続けていた。

立憲君主制は「国家観念」を隠れ蓑とする偽民主主義制度（皇帝専制を継続する制度）である。伊藤はそのドイツから「国家理論」と「立憲君主制」を持ち帰り「立憲君主憲法」をつくった。そして渡辺洪基・東京帝国大学総長に「国家学ノ研究ヲ振興シ、普ク国民ヲシテ立憲ノ本義ト其運用トヲ知ラシムルコト（国家の観念を教え込むこと）が極メテ必要」と助言し、1887年2月「国家学会」を東京帝国大学内に設立し「国家学会雑誌」を発行して「国家学」を正統学とした。

さらに「私立法律学校特別監督条規」を定めて、現在の主要私大法学部の前身である私立法律学校を東大法学部の統制下におき、「国家統治」に疑念を抱くことを禁圧した。かくして、大学教育は「国家が国民を統治支配する」の教説となり、その「国家観念」が臣民弾圧の猛威をふるったのである。

戦前・戦中だけではない。戦後においても「国家統治」の観念が継続した。

１９４５年8月、日本は焼け野原となりポツダム宣言を受諾した。１９４６年、「天皇統治（国家主権）の明治憲法」が「国民主権の憲法」に１８０度転換した。

ところが、１９４８～１９５０年に、東京帝国大学の学者14人が「註解日本国憲法」なる逐条解説書（上・中・下）を分担執筆して刊行した。戦前に「私立法律学校特別監督条規」によって私立法律学校を東大法学部の統制下におき、「国家統治に疑念を抱く」ことも禁圧していた帝国大学の学者が、「国家統治の観念」から自由になることはできる筈もなかった。

　逐条解説の分担執筆を提案した田中二郎は、その後も「国家の優越的地位の論理」を自身の著作に書き続けた。

　例えば、国家公務員試験で行政法の標準的教科書とされた『新版行政法』（弘文堂１９６４年刊行）には、「行政法は、支配権者としての国・公共団体等の行政主体とこれに服すべき人民との間の法律関係の定めであることを本則とする」「行政法は支配権者たる行政主体の組織に関する法、及び、原則としてかような行政主体と私人との間の命令・支配に関する法であり、公共の福祉を目的として、国又は公共団体が一方的に規制することを建前とする点に特色が認められる」と叙述し（行政が「公」を独占し国民を統治する）（国民は「私人」であり行政執行の客体である）と言説し続けた。

　田中二郎氏のこの見解が憲法違反であることは明白である。だが東京大学行政法主任教授の見解を「憲法違反である」と批判する学者は皆無であった。

　この明治憲法感覚の言説が「日本公法学会」「憲法学会」を主導し今日に至っているのである。かくして、学者は学会で相手にされなくなることを怖れて、「国家」を統治主体とする理論は間違いであると言わない（言えない）のである。

憲法学者は現在も「憲法は国家統治の基本法である」「憲法は国家の統治構造を規定する」と講義しているのである。

論理として、「君主主権」か「国民主権」かである。にも拘わらず学者は「国家主権」を言説する。「国家法人論」は「国家を統治主体」にするための理論である。にも拘わらず憲法学者は「信託理論（政府の権限は国民が信託した権限である）」を教えないのである。（みんなで渡れば怖くない）である。そして毎年、その教育を受けた学生が社会に送り込まれているのである。

「国家」は「擬制の観念」であり、権力の座に在る者の「隠れ蓑」の言葉である。「国家三要素説」は「団体概念」と「機構概念」をないまぜにした二重概念である。「国家法人論」は国家を統治主体に擬制するための理論である。

正当な民主主義理論は、市民が代表権限を政府に信託する「信託理論」である。

市民自治は「市民が政府を選出し制御し交代させる」である。

政府が代表権限を逸脱するときは「信託契約解除権」を発動するのである。

〔市民と自治体〕

松下理論は「市民」と「自治体」を基礎概念とする「多元重層の分節政治理論」である。そこで「市民概念」を検証する。

①市民

「市民」は、近代西欧の「Citizen」の翻訳語である。近代イギリス市民革命の担い手で「所有権の観念」を闘いとり、「契約自由の原則」を確立した「市民社会の主体」である。明治啓蒙期に福沢諭吉が翻訳したと言われている。「イチミン」と発音する。だが、戦前も戦後も「市民」の語は使われなかった。

明治政府はドイツの国家理論を手本にして「帝国憲法」をつくり「教育勅語」で忠君愛国の「臣民」を国民道徳として教えこんだ。臣民とは天皇の家来である。公共社会を担う主体の観念はタブーであった。

１９４５年の戦後も使われなかった。弾圧から蘇った社会主義理論の人々が「市民」を「所有者階級」と考えたからである。そのため、リンカーンのPeopleも「人民の、人民による、人民のための政府」と翻訳された。

日本が「都市型社会」に移行を始めた１９７０年前後に「住宅・交通・公害・環境」などの都市問題が発生し「市民運動」が激発して「市民」の言葉がマスコミで使われるようになった。都市型社会が成熟し生活が平準化し政治参加が平等化して、福沢の「市民」は甦ったのである。

松下教授は１９６６年の『〈市民〉的人間型の現代的可能性』（思想５０４号）で、ロックの《近代市民》に対して、「都市型社会の《現代市民》」の可能性を理論提示した。

さらに北海道地方自治研究所の講演（２００７年６月10日）で、市民とは市民型規範を自覚して活動する人間型である。民主政治は（自由・平等）という生活感覚、（自治・共和）という政治文脈をもつ〈人間型〉としての「市民」を前提にしないかぎり成り立たない。市民政治が可能になるには(市民という人間型)を規範として設定せざるを得ないと説明した。[《近代市民》と《現代市民》の違いは、前記「北海道自治研ブックレット（78頁）」に論述されている（北海道自治研ブックレット「再論・人間型としての市民」）

②「市民」と「住民」

「市民概念」を理解するには「市民と住民の違い」を考えることである。

「市民」は、自由で平等な公共性の価値観を持つ「普通の人」である。普通の人とは「特権や身分を持つ特別な人」ではないという意味である。

近代市民革命の市民は「有産の名望家」であった。現代の市民は公共性の感覚を持つ「普通の人々」である。社会が成熟して普通の人々が市民である条件が整ったからである。すなわち「市民」とは「公共社会を管理する自治主体」である。

「住民」は、村民、町民、市民、道民など、行政区割りに「住んでいる人」である。住民登録・住民台帳・住民税という具合に「行政の側から捉えた言葉」である。住民は行政執行の被治者で行政サービスの受益者とされる人である。

「住民」を「市民」と対比して定義するならば、「住民」は自己利益・目先利害で行動し行政に依存する（陰で不満を言う）人で行政サービスの受益者とされる人である。

「市民」は、公共性の感覚を体得し全体利益をも考えて行動することのできる人で、政策の策定と実行で自治体職員と協働することのできる人である。

しかしながら、「市民」も「住民」も理念の言葉である。理性がつくった概念である。実際には、常に目先利害だけで行動する「住民」はいない。完璧に理想的な「市民」も現実には存在しない。実在するのは「住民的度合いの強い人」と「市民的要素の多い人」の流動的混在である。人は学習し交流し実践することによって「住民」から「市民」へと自己を変容する。人は成長しあるいは頽廃するのである。

③自治体

「地方公共団体」の語は、憲法制定時に内務官僚が「全国一律支配」を継続する意図で、GHQ 原案の表題である Local self-government（地方政府）を（政府の語を嫌って）造語した言葉である。だが現在では、読売新聞さえも「地方公共団体」でなく「自治体」である。総務省官僚だけが「地方公共団体」と言い続けているのである。

憲法制定当時の内務官僚は「知事公選」に猛反対した。だがGHQに押し切られて反感を抱き、意図的にGHQ原案の文意を様々にスリ換えた。そのスリ換えの詳細は岩波新書『日本の地方自治』（辻清明・1976年）の72・81頁に詳しく記されている。

自治体は市民自治の機構である。国の政策を下請執行する地方の行政組織ではないのである。

松下教授は１９７５年刊行の『市民自治の憲法理論』（１１２頁）で、自治体が「シビルミニマムの策定」や「公害規制基準の制定」などの「自治体主導の政策」を既に実行している具体事例を示して、自治体は憲法機構であり「自治立法権」「自治行政権」「自治解釈権」を保有していると理論提起した。この理論提起が「自治体の発見」と評された。

くり返しであるが橋本竜太郎内閣のとき、菅直人議員が衆議院予算委員会で「憲法65条の内閣の行政権」は（どこからどこまでか）」と質問した（１９９６年12月６日）。大森内閣法制局長官が総理大臣に代わって「内閣の（つまり国の）行政権限は憲法第八章の地方公共団体の権限を除いたものです」と答弁した。

これが公式政府答弁である。つまり、自治体は独自の行政権限を有し、自治体行政を行うに必要な法規範を制定する権限を憲法によって保持しているのである。国の法律を解釈する権限も有しているのである。

１９８０年代に工業文明が進展して「前例無き公共課題」が噴出増大した。

これらの公共課題は、

ｉ　国際間で基準を約定して解決する課題、

ⅱ　国レベルの政府で全国基準を制定して解決する課題、

ⅲ　自治体で解決方策を策定して解決する課題、に三分類できる。

そして「政府」も、国際機構、国、自治体の三つに分化するのである。

ところが、「国家統治の伝統理論」から脱却できない学者は、自治体の（政策自立―政策先導）が現出しているにも拘らず、自治体を憲法理論に位置付けることができなかった。

例えば、小林直樹教授は、『憲法講義（１９７５年改訂版）』で「国民とは法的に定義づければ国家に所属し国の支配権に属人的に服する人間である」（憲法講義上23頁）。「自治体は国家の統一的主権の下で、国家によって承認されるものとして成り立つ」（憲法講義下７６７頁）と述べている。小林教授は「市民」と「自治体」を憲法理論に位置付ける（定位する）ことができないのである。

樋口陽一教授は、著書『近代立憲主義と現代国家』で「国民主権の形骸化の現実」を説明するために「国民主権の実質化・活性化」への理論構築を放棄している。そして「国民主権」を「権力の所在を示すものでしかないものだ」とする論理を述べた。この論理は「国民主権による政治体制の構成」という憲法理論の中枢課題自体を実質的に放棄したのである。

なぜそうなるのか。お二人は「国家観念」「国家統治」「国家法人論」を憲法理論の基軸にしているからである。学者は「国体観念の呪縛」から今も自由になれないのである。

「国家法人論」は「国家を統治主体と擬制する」ための理論であるのだ。

民主政治は市民が代表権限を政府に信託する「政府信託論」である。

以上の詳細指摘は、松下圭一『市民自治の憲法理論』（117頁－123頁）

[都市型社会]

松下理論の骨格の第二は「都市型社会」である。

都市型社会とは、農村・山村・漁村・僻地にも「工業文明的生活様式」が全般化した社会のことである。「都市型社会」は「都市地域の社会」のことではない。同様に「農村型社会」も農村地域の社会のことではない。

「都市型社会」とは、現代社会を「如何なる社会」であるかを認識するための用語である。理論構成の前提条件である社会構造の変化を認識するための用語である。

多くの学者の理論は、理論構成の前提である社会構造が「ガラリ変わっている」ことを認識理解しない。理論構成できないのである。

人類発生以来、狩猟・採集の社会であった。やがて農業技術を発明して定着農業の社会（農村型社会）になった。人類史上、第一の大転換であった。

この農村型社会は数千年続いた。そして16－17世紀のヨーロッパに、産業革命（工業化）・市民革命（民主化）による「近代化」が始まり、農村型社会（身分と共同体の社会）の解体が始まった。

さらに、20世紀には工業化（情報技術のさらなる発達）・民主化（民主政治の思想と制度の広がり）が進展して、先進地域から順次に「都市型社会」への移行となった。工業化と民主化が進展して数千年続いた〈農村型社会〉が〈都市型社会〉に大転換したのである。

だが、都市型社会の成熟に伴い新たな問題が生じる。

工業技術の発達は資源浪費・環境破壊・遺伝子操作・人工生命などの深刻事態を生来し、世界各地で民主政治の危機が生じ独裁国家が台頭している。

これらは「民主化による工業化の制御は可能なのか」という文明史的問題である。

工業化の進展が不可避とする「市場原理」と、民主化が誘導する「計画原理」との結合を如何に市民制御するかの問題である。

この問題解決のカギは、市民型人間の「醸成可能性」である。すなわち、都市型社会の成熟によって人々は「余暇と教養の増大」を保持する。そして（数世代をかけて）「人間型の変容」が生じる。すなわち、都市型社会の成熟が「市民型人間の大量醸成」の可能性を齎すのである。可能性ではあるがこの可能性が画期的な事態なのである。

都市型社会では、人々の生活条件の整備は〈共同体〉ではなく〈政策・制度〉という公共政策によって整備される。（『政策型思考と政治』18頁）

［政策型思考］

松下理論の骨格の第三は「政策型思考」である。

政策型思考が松下市民政治理論の方法論である。

政策型思考とは、「予測」すなわち「構想による仮定の未来」を（目的）におき、現在の資源を（手段）として動員・機動して整序する思考である。（『政策型思考と政治』１３７頁）

松下教授は、自身の方法論を次のように説明している。

『私の社会・政治・行政理論の方法論は「歴史の変化のなかに現実の構造変化を見出し、現実の構造変化をおしすすめて歴史の変化をつくりだす」という考え方です』と。（大塚信一著『松下圭一　日本を変える』338頁）。

すなわち、「歴史の変化をつくりだす」は実践思考である。（目ざす未来）を課題として設定し、その（実現方策）を考え出す実践思考である。

松下理論（著作）を難解だと思うのは（お読みになるご自身に）実践体験がないからである。「規範概念」と「規範論理」の論述を了解し納得するには、（あるべき未来）を目指して一歩踏み出し、困難な状況に遭遇して、困難を切り拓いた（イクバクかの）体験が必要である。

「あるべき未来」を希求するのは「現状に問題あり」の認識があるからである。

問題意識のない状況追随思考の人は（あるべき未来）を構想することはない。

「構想する」とは「何が解決課題であるか」「解決方策は何か」を模索することである。

「何が課題で方策は何か」を模索するには経験的直観が不可欠である。その経験的直観は「困難を怖れず一歩踏み出した実践体験」が齎すのである。

松下理論（著作）が難解だと言われるのは「規範論理で論述」されているからである。

論理には説明論理と規範論理がある。

「説明論理」は（事象を事後的に考察して説明する思考（実証性と客観性が重要）である。

「規範論理」は（あるべき未来）を目的に設定して実現方策を考案する思考（予測性と実効性が重要）である。

（あるべき）とは当為である。（かくありたい）（かくあるべき）は「規範意識」である。

（あるべき未来）は構想であって夢想ではない。未来に実現を予測する構想である。

（あるべき未来を構想する）とは「規範概念による思考」である。

丸山真男氏は『日本の思想』（岩波新書１５３頁）に、「である」の思考論理と「する」の思考論理の違いを説明している。そこに説明されている「する」の思考論理が「規範概念による思考」である。政策型思考は規範論理による思考である。

「人は経験に学ぶ」という格言の意味は、一歩踏み出し困難に遭遇して「経験的直観」を自身のものにするということである。

「経験的直観」とは「実践の概念認識」即ち「実践の言語表現」である。

一歩踏み出し困難に遭遇した実践体験の無い人には「経験的直観」は無縁であり不明である。（知っている）と（分かっている）には大きな違いがある。その違いは実践体験の有無である。人は体験しないことは分からないのである。

「実践」と「認識」は相関する。

・毛沢東の『実践論』と『矛盾論』は相互補完しているのである。（矛盾論は認識論である）

西田幾多郎の『絶対矛盾的自己同一』というのは、西田自身の禅的実践体験によって到達した「直観認識」である。

Ⅳ　松下圭一先生との出会い

松下圭一先生は学問上の恩人である。
「自分の頭で考えて文章を書く」ことを教わった恩人である。
・最初に読んだ先生の著書は、岩波新書『市民自治の憲法理論』であった。学生のとき、司法試験の勉強で田中二郎『行政法（弘文堂）』を熟読していたので、「憲法は市民自治の基本法である 国家統治の基本法ではない」の論理は「目からウロコ」の衝撃であった。この衝撃で「自治体の政策自立」が生涯の目標になった。
・「規範概念による規範論理」を「了解し会得する」ことができたのは、先生の著作『政策型思考と政治』を熟読したからである。
・『新自治体学入門』（時事通信社・２００８年）を上梓することができたのは、40年にわたって先生から示唆を頂いたからである。『新自治体学入門』の紹介・書評も書いて下さった。（60頁参照）
・先生に最初にお目にかかったのは、朝日新聞本社の最上階レストラン「アラスカ」であった。その日先生は「論壇時評のゲラ校正」で朝日新聞社にお出でになっていた。（そのころ朝日新聞本社は東京有楽町駅前に在った）
その「アラスカ」で「第一回全国文化行政シンポジュウム（１９７９年11月8日－９日）のバネリストをお願いした。

「何を話せばよいのかネ」「行政が文化を政策課題にすることに市民の立場から発言して頂きたいのです」「何を言ってもよいかネ」「ハイ自由に言って頂きたいのです」「分かった」であった。（後日、「頼まれ方が気にいった」と先生が言っていた、と多摩の友人から聞いた）

・「市町村文化行政交流シンポ」を藤沢市で開催したのときも基調講演をお願いした。その日は衆議院議員の五十嵐広三さん（元旭川市長）も参加されていて「今、国会では財政改革の話ばかりだが、ここでは文化のまちづくりを論議している。まことに素晴らしい」と話された。

・文化行政を自治体の政策潮流にするため書物の刊行を考えた。

１９８０年5月20日、伊豆から帰途の松下先生に横浜で中途下車していただき、横浜東急ホテルで書物刊行の協力をお願いした。「それは良いが、この本の編者は誰かね」「先生と私です」と臆面もなく言った。「いいだろう」と共編著を快諾して下さった。

日本で最初の文化行政の書物『文化行政―行政の自己革新』（学陽書房１９８１年5月15日）を刊行することができた。・松下先生が文化行政を自治体理論に位置付けて下さったことで、「文化行政が自治体の政策潮流として全国に広まった。

・さらにまた、朝日新聞の論壇時評（1979年10月30日）で『自治体の文化行政は自治体行政のすべての分野に文化的視点を取り入れようとする総合行政である』と紹介して下さった。そして高名な加藤周一先生と並んで私の写真も掲載していただいた。
https://drive.google.com/file/d/1R3KZiejtrXETJ4V6cSLuGUq4fHSeECfu/view?usp=sharing

・北海道自治土曜講座には講師として札幌に6回お出で下さった。
松下先生は2015年5月6日東京小平市の自宅で逝去された。

・筆者は時事通信社の「地方行政」に松下先生追悼の文章を書いた。

追悼・松下圭一法政大名誉教授

誰も反論できなかった「信頼委託契約」論

森　啓
NPO法人
自治体政策研究所
理事長

故松下圭一氏（2007年11月、埼玉県所沢市）

70年前（１９４５年）、日本中が焼け野原になり食べる物も無くなり、「二度と戦争はしない」と覚悟して憲法を定めた。だが、憲法は「国民主権」になったが「国家統治」は変わらなかった。戦前は「国家統治」に疑念を抱くことも禁圧された。だから今も、人々は心の奥底に「国家」「統治」の観念が残っている。

憲法は民主主義になったが、人々の心に「民主主義」は根付いていない。大学では「国民主権」を「国家主権」と言い換えて「国家が統治権の主体である」と教えている。毎年その教育を受けた学生が社会人になっている。

40年前（１９７５年）、岩波新書「市民自治の憲法理論」（松下圭一著）が刊行された。

この本には、民主主義は「国家が市民を統治する」ではない。人々（市民＝People＝Citizen）が社会の主人公である。民主政治の主体は「国家」ではない「市民」である。民主主義は「国家統治」でなく「市民自治」である、と明快に叙述されていた。

市民自治とは「市民が政府を選出し制御し交代させる」である。選挙は白紙委任ではない。選挙は「信頼委託契約」である。政府が逸脱するときは「信託契約」を解除する。これが国民主権である、と書かれていた。

この本が刊行されたとき、憲法学者も政治学者も誰も反論できなかった。「松下ショック」といわれた。

松下先生（政治学者、法政大名誉教授）は、英国市民革命を理論化した「ジョン・ロック」を研究して、東京大の学部在学中に、岩波書店から「市民政治理論の形成」を刊行した。

「市民自治の憲法理論」、「日本の自治・分権」、「政治・行政の考え方」の編集担当であり、後に岩波書店の代表取締役社長を務めた大塚信一氏は、２０１４年11月、松下先生の主要著作を全て検証して「松下圭一日本を変える」（３５７㌻）を刊行した。

筆者は、北海道大で5年、北海学園大で10年、松下理論の基本書「政策型思考と政治」（東京大学出版会）を大学院でテキストにした。

松下先生は、北海道地方自治土曜講座（１９９５年から16年間、継続開催）の講師として6回札幌に来てくださった。北海道には松下理論に馴染《なじ》んだ多数の市民と自治体職員がいる。

ＮＨＫは、大河ドラマ「花燃ゆ」で吉田松陰の「松下村塾」に脚光を当てた。その意図を問題なしとはしないが、それはさておき、現在日本には「二つの松下村塾」がある。

一つは松下幸之助の「松下政経塾」である。おびただしい輩出議員の数である。だが、その議員は「国家統治」を信奉し推進する人たちである。

もう一つは、松下理論の「市民自治」に賛同し自身の「思考の座標軸」を見定める人々である。全国各地に大勢の人がいる。

先生は、85歳で逝去された。

心からなる追悼は、「松下理論」が多くの方々に伝わることであると思う。

本年5月から、さっぽろ自由学校「遊」で、講座「民主主義の理論・松下圭一を読む」を開講した。そして、北海道自治体学土曜講座も再開した。

◇　◇

松下圭一氏は5月6日、心不全のため東京都内の自宅で亡くなりました。

2018年10月13日、松下圭一先生追悼・北海道自治体学土曜講座

土曜講座

完結

1995年から通算21年をかけて土曜講座がめざしたのは、受講者それぞれが「自分の見解を持つ」ことである。その根底に流れているのは、市民が主体となって社会を管理する「市民自治」であり、それを提唱した松下理論（＝自治体理論）であった。

土曜講座の集大成となる最終回は、参加者自らが未来を切り拓く術を得られるよう「松下理論の今日的意義」を再考・再確認する場にしたい。松下理論（自治体理論）を習得し実践することで、中央従属の惰性思考から脱却していこう。

ついに幕を閉じる土曜講座、ぜひ多くの方々に参加していただきたい。

この最終講座を、自治体理論を提起され続けた松下圭一先生に捧げる。

北海道自治体学土曜講座・最終回

松下圭一先生追悼『松下理論の今日的意義』

1. 講義

「松下圭一　日本を変える」　大塚信一（元・岩波書店社長）

「シビルミニマム論と市民参加・職員参加論」

西尾　勝（東京大学名誉教授）

「松下理論の骨格」　森　啓（自治体政策研究所）

2. 鼎談論議

「松下理論の今日的意義」　大塚信一、西尾 勝、森 啓（司会）

■日時　**10月13日（土）　13：00 ～ 17：30**

■会場　北海学園大学

教育会館1階AV4番教室

札幌市豊平区旭町4丁目1-40

※　駐車場は利用できません

地下鉄東豊線「学園前駅」下車　3番出口直結

■参加費　無料／申込不要

■問い合わせ先

北海道自治体学土曜講座実行委員会

（共同代表：森 啓、内田和浩、宮下裕美子）

メール　ukazuhir@econ.hokkai-s-u.ac.jp

電話　011-841-1161　内線2737

（北海学園大学経済学部 内田和浩）

携帯　090-5071-1774（森啓）

■主催：北海道自治体学土曜講座実行委員会

共催：自治体政策研究所／後援：北海道自治体学会

『松下理論の今日的意義』（パソコンでYouTubeをご覧ください。）

鼎談　大塚信一・西尾勝・森　啓

https://www.youtube.com/watch?v=qxktaO9SBVk&t=152s

『松下理論の骨格』森　啓

https://www.youtube.com/watch?v=3WJoqoXyLzY

V　吾が人生は何であったか

顧りみれば、吾が人生は、「反省すべきこと」「恥ずかしきこと」多々ありの人生であった。「配慮足らざること」多き人生であった。

弁護士への途を断念したが、弁護士生活では得ることのできない体験に恵まれた。

・神奈川県庁で文化行政担当になり、47の都道府県のすべての地域に講演に出かけ、全国文化行政会議を組織し、文化行政全国シンポジュウムを開催し、文化行政を自治体の政策潮流として全国展開する場に恵まれた。

・行政学の政策研究とは異なる「政策研究概念」を構想提起し「自治体政策研究交流会議」を開催し、自治体の政策自立を目ざして自治体職員・市民・研究者が相互に研鑽する広場である「自治体学会の創設」に関わることができた。

・一九九三年二月二五日、北海道大学学長から長洲神奈川県知事宛てに「筆者割愛の依頼文書」が届き、一九九三年四月一日、北海道大学法学部教授に赴任し、春は萌えいずる翠、夏は緑陰、秋は農場に寝転び白雲を眺め、冬は一面の銀世界の絶景を楽しんだ。まさに天国であった。

・自治体職員の政策思考力を高める「北海道自治土曜講座」に21年参画し、小泉内閣の市町村合併に反対して講演依頼で全国各地に出かけ、衆議院総務委員会で合併促進の法改正に反対する意見を陳述し、無防備平和都市の署名運動に参加し、原発反対の民衆法廷で北海道知事と御用学者を弾劾し、断罪する市民自治規範を証言した。
顧みて「よくやったな」と密かに思う。

略　歴

1960（昭和35）年3月　中央大学法学部法律学科卒業
1960年4月　神奈川県庁入庁（労働部横浜労政事務所）
1968年　労働部労政課教育係長
1976年　財団法人地方自治研究資料センター研究員（自治大学校）
1977年　県民部文化室企画副主幹
1980年　県民部総括企画主幹
1983年　自治総合研究センター研究部長
1986年　地方労働委員会総務課長
1989年　青少年センター副館長
1992年　埋蔵文化財センター所長
1993年　北海道大学法学部教授（公共政策論）

１９９８年　北海学園大学法学部教授（自治体学）
１９９９年　北海学園大学法科大学院非常勤講師

著　作

「自治体の政策課題と解決方策」　日本経営協会　１９８６年
「自治体の政策研究」　公人の友社　１９９５年
「自治体理論とは何か」　公人の友社　１９９７年
「行政の文化化」　公人の友社　１９９８年
「議会改革とまちづくり」　公人の友社　１９９９年
「自治体職員の政策水準」　公人の友社　２０００年
「町村合併は自治区域の変更」　公人の友社　２００１年
「自治体人事政策の改革」　公人の友社　２００２年
「自治体の政策形成力」　時事通信社　２００３年
「協働の思想と体制」　公人の友社　２００３年
「市町村合併の次は道州制か」　公人の友社　２００６年
「自治体学の二十年」　公人の友社　２００６年

「新自治体学入門」　時事通信社　２００８年
「文化の見えるまち」　公人の友社　２００９年
「自治体学とはどのような学か」　公人の友社　２０１４年

共　著

「文化行政読本」　月刊・職員研修（臨時増刊号）　１９５４年　共著
「都市の文化行政」　学陽書房　１９７９年　共著
「文化行政・行政の自己革新」　学陽書房　１９８１年　共編著（松下圭一）
「文化行政とまちづくり」　時事通信社　１９８３年　共編著（田村　明）
「行政の文化化」　学陽書房　１９８３年　共著
「自治体政策研究の実践」　労働研究所　１９８３年　共編著（田村明・村瀬誠）
「文化行政と企業の文化戦略」　宣伝会議　１９８４年　共著
「新編・文化行政の手引き」　公人社　１９９１年　文化行政研究会・編
「まちづくりと文化」　都市文化社　１９９１年　共著
「文化ホールがまちをつくる」　学陽書房　１９９１年　編著
「市民文化と文化行政」　学陽書房　１９９１年　編著

「水戸芸術館の実験」　公人の友社　1992年　共著
『『市民』の時代」　北海道大学図書刊行会　1998年　共著
「自治体の構想（第四巻・機構）」　岩波書店　2002年　共著
「自治体学理論の実践」　公人の友社　2011年　共編著（川村喜芳）

北海学園大学紀要「法学研究」
「自治体学会と政策能力」　法学研究　1999年
「自治体の人事政策」　法学研究　2001年
「自治基本条例の最高規範性」　法学研究　2004年
「自治体の文化戦略」　法学研究　2006年

北海学園大学「開発論集」
「21世紀の文化戦略」　開発論集78号　2006年8月
「地域文化の甦り」　開発論集79号　2007年3月
「自治体の政策開発」　開発論集80号　2007年9月
「自治体の文化戦略と企業の文化戦略」　開発論集81号　2008年3月
「自治体の文化戦略―沿革」　開発論集83号　2009年3月

「文化の見えるまち」　開発論集84号　2009年9月
「自治体の議会改革と自治基本条例」　開発論集87号　2011年3月
「市民政治の可能性」　開発論集88号　2011年9月
「市民行政の可能性」　開発論集90号　2012年9月
「自治体学とはどのような学か」　開発論集93号　2014年3月
「市民政府信託理論」　開発論集97号　2016年3月
「政策研究の用語」の由来　開発論集99号　2017年3月
「自治体議会の改革」　開発論集101号　2018年3月
「松下圭一市民政治理論の骨格」　開発論集103号　2019年3月
「地方分権と道州制改革」　開発特別講義　2009年12月

経歴と言説
ブログ「自治体学」　http://jichitaigaku.blog75.fc2.com/

自治体学理論の系譜　歩みし跡を顧みて

2022年4月25日　　初版　発行

著　者　　森　　啓
発行人　　武内英晴
発行所　　公人の友社
　　　　　〒112-0002　東京都文京区小石川5-26-8
　　　　　ＴＥＬ ０３－３８１１－５７０１
　　　　　ＦＡＸ ０３－３８１１－５７９５
　　　　　Eメール　info@koujinnotomo.com
　　　　　ホームページ　http://koujinnotomo.com/
印刷所　　モリモト印刷株式会社

ISBN 978-4-87555-879-8